NIE
子ども家庭福祉
演習

松井 圭三・今井 慶宗 編著

大学教育出版

はしがき

NIEという言葉をご存知でしょうか。NIEとは、Newspaper in Educationの略です。アルファベットの音通り　エヌ・アイ・イー　と読みます。教育機関（学校）で新聞を教材として活用することを意味します。日本でも多くの小・中・高等学校で実践されているほか、近年では大学・短期大学・専門学校でも広がりを見せています。

皆さんは新聞にどのような印象を持っていますか。新聞は難しいものと思っている人もいるかもしれません。若者の新聞離れが指摘されて久しいです。しかし、新聞の紙面には政治・経済だけではなく社会や文化、科学やエンターテイメントまであらゆる分野の記事が載っています。とても読みごたえのある楽しいものです。新聞をこれまであまり読んだことのない人は、新聞の形式に慣れることが第一歩です。新聞がどのような構成になっているかをつかみ、実際の新聞記事を使って学びましょう。

本書は、読者の皆さんに、読む力とともに書く力をつけていただきたいという願いから企画しました。一般の子ども家庭福祉の教科書とはややタイプが異なります。新聞を活用したワークブック、その中でも子ども家庭福祉のワークブック教材は私たちが以前刊行した『NIE児童家庭福祉演習』以外にはあまり見当たらないようです。私たちはこれまで『社会福祉記事ワークブック』『NIE児童家庭福祉演習』『NIE家庭支援論演習』『NIE介護の基本演習』『NIE社会的養護Ⅰ・Ⅱ演習』『NIE社会福祉演習』を作りました。このワークブックはその第7弾です。以前刊行しました『NIE児童家庭福祉演習』の構成・内容を見直し、新しい内容も取り入れました。新聞記事を読み、言葉を調べ、感想を書き、解説で学びを深めるという一連の流れをとっています。子ども家庭福祉に関連する言葉や制度を調べたり記事を読んでの感想を書くなど、自分自身で課題に取り組みましょう。

社会福祉士・保育士などの国家資格を取得するときは、実習日誌の記入等多くの場面で文を記入します。無事に資格を取得して仕事に就いた後も、ケース記録や連絡帳等で文章を書くことがたくさんあります。実習や仕事のほかにも、文章を読み解き、まとめ、自分の力で発信する力は社会のいろいろな場面において必要とされます。

今も子ども家庭福祉は大きな変化が続いています。最近でも、「児童福祉法等の一部を改正する法律」が2022（令和4）年6月8日に成立し、2024（令和6）年4月1日に施行することとされています。このワークブックで学び終えた後もいつも新聞記事に関心を持ち、新しい子ども家庭福祉の知識を得るべく、勉強を続けてもらえることを願っています。

各章はそれぞれの分野の専門の先生が、わかりやすく丁寧に展開しています。難しい言葉も段々と理解できるでしょう。みなさん、あせらず確実に取り組んでいきましょう。

大学教育出版の佐藤社長、編集の社さん、岡山シティエフエム社長（前・山陽新聞社読者局長）の太田氏にいろいろとお世話になりました。この紙面を借りて感謝申し上げます。

2024（令和6）年4月

松井圭三・今井慶宗

このワークブックの利用方法（使い方）

このワークブックは概ね　①新聞記事　②調べてみましょう　③記事を読んでの感想をまとめてみましょう　④解説　という構成になっています。

皆さんが教室で先生から指導を受けながら学ばれることもあるでしょう。自学自習される方もあるかもしれません。使い方はもちろん自由です。

ここでは、次のような利用方法で学習されると取り組みやすいのではないかと私たち編著者が考えたものをお示しします。ぜひ参考にしてみて下さい。

1　新聞記事をよく読みましょう。難しい言葉・知らない単語はそこに線を引っ張っておくとよいでしょう。新聞記事の読み方にも慣れましょう。

2　設問に沿って、言葉を調べたり、考えてみましょう。調べたり、考えたりする言葉等はいくつかあります。教科書や辞典・インターネットでも調べましょう。言葉同士の関連性にも注意しましょう。

3　記事を読んでの感想を書きましょう。記事を読んでの素直な気持ち、自分ならばどう取り組むか、考えたことなどを自由に書きましょう。

4　解説では、新聞記事の内容や関連することについてそれぞれの分野の専門の先生が分かりやすく説明しています。よく読んで理解しましょう。自分で調べてよく分からなかった言葉等は、ここで学んで書き足しましょう。

また、皆さん自身が各章に関連する新聞記事を見つけて切り抜き、貼り付ける欄も用意しました。自身で設問を３つ程度つくり、調べて記入してみましょう。

どの章から始めても構いません。知っている分野があれば取り組みやすいでしょう。自分が気になる記事があればぜひそこから読んでみて下さい。手も動かしてしっかり書き込みましょう。

目　次

第1章　NIE と子ども家庭福祉

記　事

令和からその先を生きる君たちへ ⑫

言葉《ことば》の重《おも》みが問《と》われた瞬間《とき》

①言葉《ことば》は難《むずか》しい。相手《あいて》を気遣《きづか》った言葉《ことば》も理解《りかい》されないことがある。学生時代《がくせいじだい》、児童養護《じどうようご》施設《しせつ》のアルバイトをしているとき、そこで暮《く》らすT君《くん》（小《しょう》5）の思《おも》わぬ言葉《ことば》に胸《むね》をえぐられた。

わたしは21歳《さい》から京都《きょうと》の福祉系大学《ふくしけいだいがく》へ進学《しんがく》。入学後《にゅうがくご》、学費《がくひ》を心配《しんぱい》した担当教授《たんとうきょうじゅ》が児童養《じどうよう》護《ご》施設《しせつ》へ住《す》み込《こ》みでの宿直《しゅくちょく》アルバイトを紹介《しょうかい》してくれた。

わたしは以前《いぜん》、金属系《きんぞくけい》の会社《かいしゃ》で仕事《しごと》をした経験《けいけん》があり、学《がく》生《せい》にも関《かか》わらず小学生《しょうがくせい》の担当《たんとう》まで任《まか》されることになる。

あるとき、大学《だいがく》の講義《こうぎ》を終《お》えて施設《しせつ》へ行《い》くと、わたしの担当《たんとう》のT君《くん》が先輩《せんぱい》の指導員《しどういん》から叱《しか》られている。話《はなし》の様子《ようす》では、どうもT君《くん》が近《ちか》くの文具《ぶんぐ》店《てん》で鉛筆《えんぴつ》と消《け》しゴムを万引《まんび》きしたらしい。先輩指導員《せんぱいしどういん》の話《はなし》が終《お》わった後《あと》、私《わたし》はT君《くん》と二人《ふたり》になり「そんなことをするとお父《とう》さんが君《きみ》のことを心配《しんぱい》するぞ」と。「父《とう》ちゃんは俺《おれ》のことなんか心配《しんぱい》していない。だってこの2年間《ねんかん》、僕《ぼく》に会《あ》いにこんし」。「お父《とう》さんが心配《しんぱい》しないなんてない。僕《ぼく》だって心配《しんぱい》しているんだから」。T君《くん》は親一人《おやひとり》、子一人《こひとり》の父子家庭《ふしかてい》。わたしは思《おも》わずそう言《い》った。

「あんたは俺《おれ》のことを心配《しんぱい》してると言《い》うけど、そんなら聞《き》くで。あんた仕事《しごと》が終《お》わって部屋《へや》に戻《もど》っても俺《おれ》のことが心配《しんぱい》か。布団《ふとん》に入《はい》って寝《ね》る時《とき》も俺《おれ》のことを心配《しんぱい》してるのか」。わたしも負《ま》けじと「あー、心配《しんぱい》しているさ。本当《ほんとう》だよ！」。すると「なら、最後《さいご》の質問《しつもん》やで。あんたババ（関《かん》西弁《さいべん》で「うんち」の意《い》）しているときでも俺《おれ》のことが心配《しんぱい》か！」。②わたしは思《おも》わず口《くち》をつぐんでしまった。その問《と》いには答《こた》えられなかった。すると「それみろ、答《こた》えられんやろ。親《おや》やったらババしとっても子《こ》どものことが心配《しんぱい》ちゃうのか。あんたは口《くち》で心配《しんぱい》してると言《い》っとるだけやん。嘘《うそ》つきや！」。③T君《くん》は目《め》を赤《あか》くはらし、こぼれる涙《なみだ》を拭《ぬぐ》いながら走《はし》り去《さ》った。

④親《おや》の愛情《あいじょう》は空気《くうき》か水《みず》のように思《おも》っていたわたしはT君《くん》の言葉《ことば》に打《う》ちのめされた。そして顔《かお》から火《ひ》が出《で》るような思《おも》いと共《とも》に、今日《きょう》まで命《いのち》がけで育《そだ》ててくれた母《はは》親《おや》がまぶたに浮《う》かんだ。

（子育《こそだ》て相談室《そうだんしつ》「無花果《いちじく》の花《はな》」室長《しつちょう》　龍尾和幸《りゅうおかずゆき》）

出典：2023 年 5 月 7 日山陽新聞さん太タイムズ

1．考えてみましょう。調べてみましょう。

（1） 文章の冒頭に「言葉は難しい」（傍線①）と書かれています。筆者が「難しい」と思ったのは、どのようなことだったのでしょうか。

（2） 文章の後半に「わたしは思わず口をつぐんでしまった」（傍線②）と筆者が書いています。それは、なぜだと思いますか。

（3）「Ｔ君は目を赤くはらし、こぼれる涙を拭いながら走り去った」（傍線③）とあります。筆者はＴ君に対して、どのような対応をすればよかったと思いますか。

(4)　筆者は、文章の最後の段落で「親の愛情は空気か水のように思っていた」(傍線④) と書いています。文章では「父子家庭」の子どもの家庭福祉がテーマになっていますが、子どもをめぐる家庭福祉の課題について、あなたの考えや、調べていることを書いてみましょう。

(5)　近年は、家族の介護や世話をする18歳未満の「ヤングケアラー」の問題が注目されています。子どもをめぐる家庭福祉の新たな課題について、調べてみましょう。

2. この記事を読んだ感想をまとめてみましょう。

3. 解　説

新聞には国内外の事件・事故、政治、経済から文化、スポーツまで様々な分野のニュースや情報が載っていますが、外部の専門家からの寄稿も掲載されています。

引用した文章は、京都や岡山の児童養護施設、自立援助ホームでの半世紀にわたる勤務経験を持ち、現在、子育て相談室「無花果《いちじく》の花」を滋賀県大津市の自宅で主宰する龍尾和幸さんが「令和から　その先を生きる君たちへ」というタイトルで、新聞連載していた寄稿です。直接的に児童福祉の学習や資格取得に役立つ情報は少ないかもしれませんが、児童福祉を学ぶ上でのバックボーンとなる深い内容が含まれており、小論文の作成や面接試験などには有効だと思われます。

（1）　福岡から京都の福祉系の大学に進学した筆者は、学費や生活費を稼ぐため、児童養護施設に住み込みでの宿直アルバイトを始めました。大学進学前に社会人経験があったこともあり、学生ながら小学生の担当を任されました。担当していたＴ君が近くの文具店で万引きをしてしまい、筆者は父子家庭のＴ君に優しく「お父さんが君のことを心配するぞ」と諭したつもりでしたが、父親が２年間も面会に来ていないＴ君にとっては、筆者の言葉は寂しい心に塩を塗るようなものだったのです。

（2）　若かった筆者は、口を荒らすＴ君に「お父さんが心配しないなんてない。僕だって心配しているんだから」と真正面から言います。しかし、Ｔ君の寂しい気持ちは収まらず、さらに「あんたは俺のことを心配してる」と言うが、仕事が終わっても、布団に入って寝る時も、トイレで用を足しているときも、「俺のことが心配か！」と畳みかけてきます。親一人子一人の父子家庭のＴ君にとって、父親が２年間も会いに来ないことがどれほど寂しいことか…。若かった筆者は、そのことを思い知らされ、返す言葉がなかったのでした。

（3）　児童福祉の現場で多くの子どもたちと向かい合い、50年の経験を生かして相談業務を続ける今の筆者ならば、どういう対応を取ったでしょうか。

筆者も子ども時代、深い悲しみを抱えていました。両親、兄との４人家族でしたが、会社員の父が病気になって働けなくなり、代わりに母親が働きに出ましたが家計は苦しく、そして筆者が中学１年生の時に父親が病没。その翌年に兄がバイク事故で突然、亡くなりました。筆者は家計を助けるため高校受験を諦め、中学卒業後に金属会社に就職しましたが、実習中の事故で右腕を切断しました。17歳の時です。

病院のベッドで「もう死にたい」と絶望の淵にいた筆者。中学時代の担任教師が見舞いに来てくれたものの、「お前は今からどうすんじゃ」と責めるように言う教師に、筆者は思わず「会社なんか辞めたる」と言い返してしまいます。「辞めてどうする。お前はやはりあほじゃ。見舞いに来て損した」と言い捨てて教師は帰っていき、筆者は布団をかぶって泣くしかありませんでした。「辛いなあ。苦しいよな」と言って、一緒に泣いてほしかった…。それが17歳の筆者の真情でした。父子家庭のＴ君も、同じ気持ちだったのかもしれません。

17歳の筆者が「もう一度、生きてみよう」と希望を抱くことができたのは、日曜ごとに見舞いに来て、公園や喫茶店に誘いだしてくれた中学時代の友人３人の存在があったからだったそうです。筆者は「溺れる人間、藁をもつかむ。３人の友人が海原の藁となり、ありのままの私を受け止めてくれた」と振り返ります。

（4）　多感な少年期、筆者には不運が押し寄せました。自分より何かにつけ出来の良かった兄がバイクで事故死して、早朝に仏壇にすがりついてすすり泣く母親に「母ちゃんは俺が死んだ方がよかったんやろ」とひがんでいた筆者でした。しかし、実習中の事故で右腕を失った筆者の枕もとで涙を流しながら編み物をする母親の姿を見て、母の深い愛情にようやく気づきました。だからこそ、父親が２年間も会いに来ないＴ君の寂しさに接した筆者は「親の愛情は空気か水のように思っていた」と反省したのでした。

筆者は京都で1972（昭和47）年から児童養護施設、自立援助ホームに計43年間勤務した後、請われて2015（平成27）年から7年間、単身赴任して岡山市内の児童養護施設に勤めました。2022（令和4）年に離任して、大津市の自宅に戻り、子育て相談室を開設。相談室名を「無花果の花」と名付けた理由について、次のように話します。「若いころ、イチジクを漢字で『無花果』と書くことを知り、不思議に思いました。図鑑を調べてみると、イチジクは花がないのではなく、外から見えにくいだけなんです。果肉の中にたくさんの種があり、豊穣のシンボルともされています。引きこもりの子を持つ親は、わが子が青年期の花を咲かせない状況に暗澹《あんたん》たる思いを抱いています。しかし、彼らも一人一人が無花果のように智恵の木であり、必ず豊かな心を宿した美味なる人生を実らせる時が来る。今、一般的な青年期としての花が見当たりにくいだけのことに過ぎないんですよ」…と。

（5）　「岡山きょうだい会」という団体があります。平仮名で表記する団体名の「きょうだい」は、ただ兄弟姉妹というだけではなく、障害や病気のある兄弟姉妹がいるという意味があります。

生活のサポートが必要な病気や障害がある人の兄弟姉妹である「きょうだい」自身にも一人ひとり深い悩みを抱え、支援を必要としているケースが少なくありません。岡山きょうだい会は、障害や病気を抱える兄弟姉妹を持つ「きょうだい」の集まりです。

「親や周辺の人々は、ついつい障害のある兄弟姉妹にばかり注視して、健常の『きょうだい』をなおざりにしがちです。しかし、健常の『きょうだい』も親や障がいのある兄弟姉妹に気をつかい、知らず知らずの内にストレスを抱えてしまうことがあります。もっと、そういった『きょうだい』にも目を向けよう、『きょうだい』の気持ちをわかり合おう」と会は設立されました。

「親亡き後、面倒をみることが当たり前のようになっていて不安…」「自分の恋愛を諦めた…」「就職するときは転勤のある仕事を避けた…」。進学や就職、結婚などが制限される不自由。子どものころから、我慢が癖になっていて、誰もが想いを口にできているわけではありません。「きょうだい」の多くは、かつてはヤングケアラーであり、大人になったからといって問題が消えるわけではないのです。

大人に代わって日常的に家事や家族の世話をするヤングケアラーの支援について、こども家庭庁は2023（令和5）年12月26日、「子ども・若者育成支援推進法」に明記し、初めて法制化する案を児童虐待防止対策部会に示しました。国や自治体の支援対象と位置付けることで、対応の地域格差解消などにつなげる考えで、政府は2024（令和6）年通常国会への法改正案提出を目指しています。ヤングケアラー支援は現在、法律による明確な根拠規定がなく、支援団体などが法整備を要望していました。「子ども・若者育成支援推進法」改正案では、ヤングケアラーを「家族の介護その他の日常生活上の世話を過度に行っていると認められる子ども・若者」と定義し、支援対象に加える方向です。

2023（令和5）年12月27日付山陽新聞によると、児童虐待防止対策部会では、委員から「家族の世話が何を指すのか、定義や範囲を慎重に検討してほしい」との要望があり、こども家庭庁担当者は「自治体などへの周知文書で分かりやすく伝えていく」と述べたとのことです。家事や家族の世話は子どもの期間だけでなく、大人になっても続くことなどから、法制化は18歳未満を所管する「児童福祉法」ではなく「子ども・若者育成支援推進法」で規定するのが適切だとの判断です。年齢で支援が途絶えるケースを防ぐとともに、実態把握や関係機関の連携を強化する方針です。

こども家庭庁によると、地域でヤングケアラーがどれだけいるか実態調査をした自治体は、2023（令和5）年2月末時点で計258。国と自治体は、適切な支援につなぐコーディネーターの配置、当事者同士が悩みを相談し合える場所の提供といった施策を進めています。

岡山市こども福祉課は2024（令和6）年度に策定する「岡山市子どもの貧困対策計画」の基礎資料とするため、市内の小・中学生と保護者を対象にした生活実態調査を実施しました。子どもの側に尋ねる設問は放課後の過ごし方などを問う28項目で、日常的に家族の世話をする「ヤングケアラー」についての認知度、実際に世話をしている場合は頻度や現状認識についても聴きました。調査対象は、住民基本台帳から無作為抽出した小学5年生と保護者、中学2年生と保護者の各2500世帯。2023（令和5）年12月2日付山陽新聞によると、2024（令和6）年3月までに結果を分析・公表する方針で、子どもの生活実態に関する市単独の調査は初めてとのことです。

児童福祉を取り巻く問題、課題について、法令や制度が改善されても、個々がそれぞれに抱える困難や不安がすべてはケアされていない実態があることを常に意識しておくことが大切です。子育て相談室「無花果の花」を開設した龍尾さんとともに、岡山市内の児童養護施設に81歳まで勤務していた津田純子さんは、大学の実習で養護施設の子どもたちと触れ合ったことがきっかけで、以来ずっと児童福祉の現場を国内外で歩んできました。

2022（令和4）年に岡山市を離れて故郷の金沢市に戻り、児童福祉にかかわる“仕上げ”の仕事をスタート。時代や社会の変化にさらされる現場で奮闘する職員たちの研修の場を運営しています。その気持ちを、こう話してくれました。「食事をはじめ、手をかけて時間をかけて丁寧に子どもたちと生活すれば、どんな子どもも夢や希望をもって生きていけるようになります。厳しい社会の中で、強くたくましく生きていけるようになるはずです。子どもは限りない可能性を持っています。自分の責任ではないのに、子どもたちが下を向いて生きるのはおかしいと思います」。

参考

＊龍尾和幸さんの「令和から　その先を生きる君たちへ」は2022（令和4）年6月から2023（令和5）年12月まで山陽新聞の子どもしんぶん「さん太タイムズ」に連載されました。2023（令和5）年5月7日付の第12回を引用しています。

＊「岡山きょうだい会」の代表を務める増田美佳代表さんについて、2023（令和5）年4月16日付「さん太タイムズ」のフロント特集〈KIBIKIBIJIN〉第23回で紹介されています。

※龍尾和幸さんと津田純子さんの児童福祉の現場での歩みは、京都新聞の朝刊連載を収めた『それぞれの人生てつがく』の中で紹介されています（京都新聞文化部専門記者・鈴木哲法著、京都新聞出版センター、2023（令和5）年9月発行）。著者の鈴木さんは龍尾さんと津田さんを取材した思いについて、こう話されています。「お二人は、人として子どもたちと向き合う仕事を、志をもって続けてこられた。もちろん、一過性で出来る仕事ではなく、陽の当たる仕事でもなく、時に、一方的な非難に晒されることもある。そういう仕事に、信念をもって取り組んでいる人がいることを、一人でも多くの人に知ってほしいと思って、お二人を取材させていただいた。津田さんは、新聞に出ることを長らくためらっておられたが、無理を押して、お願いした。私が文字で書ききれなかったお二人の気持ちを、記事の行間から読み取っていただければ、有難い…」。

（太田　隆之）

記事　「子ども家庭福祉」関係の記事をスクラップし、貼ってみましょう。

1．その記事の中で「子ども家庭福祉」に関係した制度、法律、サービス、施設、機関等の語句を３つ選び自分で調べてみましょう。

（1）

（2）

（3）

2. この記事を読んだ感想をまとめてみましょう。

第2章　少子高齢化と子ども家庭福祉

記　事

30年度目標 県が住宅基本計画
サ高住1.6倍、長期優良倍増
高齢化、空き家など課題

県は3日までに、県の住宅政策の指針となる基本計画「県住宅マスタープラン」（2021〜30年度）をまとめた。人口減少や高齢化の進展を見据え、サービス付き高齢者住宅（サ高住）を現在の1・6倍の7600戸に、省エネや耐震性に優れた長期優良住宅を2倍以上の5万3千戸に増やす目標を掲げた。増え続ける空き家をなくし、利活用などの対策も強化する。（斉藤章人《さいとうあきひと》）

従来のマスタープラン（16〜25年度）を見直し、「県高齢者居住安定確保計画」と、低所得者や被災者、障害者ら要配慮者の住宅確保に向けた「県賃貸住宅供給促進計画」を統合した。

本県の住宅政策の課題には、少子高齢社会への対応や要配慮者の居住の確保、寿命の長い住宅供給、空き家対策などを挙げた。

高齢者が生活相談などのサービスも受けられるサ高住は20年度時点で4766戸。長期優良住宅は2万4千戸で、いずれも新たな登録数は減少している。

プランでは、これらの住宅を拡充する目標を掲げたほか、高齢者住宅のバリアフリー化率を41％から75％にまで引き上げるとした。要配慮者の入居を拒まない「セーフティネット住宅」は1万7千戸を目標とする。

また、中古住宅として出回る割合は全流通戸数の1割程度と低調だが、中古住宅の活用などにより、ライフスタイルに合わせて住み替えが可能な「住宅循環システム」の構築を目指す。

空き家数は18年度、約16万戸で増加が続いている。30年度までに管理不全の空き家6千戸をなくすとともに、空き家の発生を抑える。物件情報を提供する「空き家バンク」の活用なども推進する。

県住宅課は「少子高齢化で住宅のストック数は余っており、どう生かしていくかが課題。住生活の安定確保に向け施策を一体的に推進していく」としている。

県住宅マスタープランの主な成果指標

	現状（20年度）	目標（30年度）
一定のバリアフリー性能がある高齢者住宅の割合	41％※	75％
長期優良住宅のストック数	2万4千戸	5万3千戸
既存住宅の流通シェア	11％※	15％
サービス付き高齢者向け住宅の登録数	4766戸	7600戸

※は18年度の数値

出典：2022年3月4日下野新聞朝刊

1．調べてみましょう。

（1）少子高齢社会について調べてみましょう。

（2）人口減少や少子化が起こるとどのような影響があるか考えてみましょう。

（3）空き家問題について考えてみましょう。

（4） 住宅セーフティネット制度について調べてみましょう。

（5） 住生活基本計画について調べてみましょう。

2．この記事を読んだ感想をまとめてみましょう。

3. 解　説

（1） 少子高齢社会について

少子高齢化とは「出生率の低下で子どもの数が減り、かつ平均寿命が伸びたことで高齢者の寿命が伸びて高齢者が増えている状態」を指します。国連では65歳以上の老年人口比率が7%を超えて、なお比率の増加がみられる社会を「高齢化社会」、老年人口比率の増加が収まり、不変になった社会を「高齢社会」と呼んでいます。日本の場合は、極端な出生率の低下が加わり、近年では「少子高齢社会」という呼び方を用いています。出生数が減る「少子化」と総人口に占める65歳以上の割合＝高齢化率の上昇「高齢化」が同時進行している状態であるといえます。

2021（令和3）年10月1日時点の日本の総人口は、1億2,550万2,000人でこれは世界11位に相当し、1億人以上の人口を抱える14か国のうちの1つになります。しかし前年に比べて64万4,000人の減少となり、減少幅は比較可能な1950（昭和25）年以降過去最大となっています。日本の総人口は2008年（平成20年）に1億2,808万人でピークを迎え、この年以降は、人口減少社会に突入しています。

2021（令和3）年、わが国における65歳以上人口は3,621万人となり、総人口に占める割合（高齢化率）も28.9%となっています。

一方で2021（令和3）年、子どもといわれる15歳未満の年少者は1,478万人で、割合は11.8%となっています。過去最低となり、1982（昭和57）年から40年連続の減少となっています。

また現在の日本は、生まれる子どもよりも死亡する人が多くなっている多死社会であるといわれています。2022（令和4）年の死亡数は156万人と戦後最多となりました。長生きをしても人間には寿命があります。人口の相当数を占めている高齢者が平均寿命などといった死亡する可能性の高い年齢に達すると死亡していきます。

一方で2022（令和4）年に生まれた日本人の子ども（出生数）は77万747人で、統計を始めた1899（明治32）年以降で最少となり、初めて80万人台を割り込みました。1人の女性が生涯に産む見込みの子どもの数を示す「合計特殊出生率」は1.26に落ち込み、データのある1947（昭和22）年以降では、2005（平成17）年と並んで過去最低の水準で少子化の加速が止まらない状況となっています。結果として、少子高齢社会は人口減少社会にもなっているのです。

（2） 人口減少や少子化の影響について

日本は江戸時代中期から商業経済が発達し、基本的には人口は増加していきました。18世紀当時の江戸の人口は100万人を超え、イギリスのロンドンと並び世界有数の都市でした。明治以降、政府は富国強兵政策をとり、近代化と工業化を進めていきました。その結果、国力増強に合わせて人口も増えていきました。1920年代から1930年代にかけ、人口が爆発的に増えると、それは失業や生活難の原因と考えられるようになりました。なんとか人口を減らしたいと、産児制限論争が起き、政府は海外移住を奨励して開拓団を送ったのです。

さて、日本国民は、「明治民法」（1898（明治31）年施行）の「家制度」によって、三世代で近隣共同体の一員として生活し、制度と共同体に守られ、戸主や長男の指示の下、家業や農作業などの仕事や子どもの育児、高齢者・障害者・病人の介護などを家族で協力しながら暮らしていました。

この家制度が大きく変化したきっかけは、日本の第二次世界大戦での敗戦でした。1947（昭和22）年、「日本国憲法」の施行に伴い、「明治民法」は大きく改正され、「家制度」は廃止されることになります。この昭和の民法改正は、個人の尊厳と両性の本質的平等に立脚し、法律の面から民主化を進めていくことになりました。

戦後に生まれた団塊の世代（1947（昭和22）-1949（昭和24）年）は、その圧倒的な人口の多さから、受験や就職活動、会社での出世、結婚など倍率が高まり、常に競争を強いられた側面があります。日本政府もその後の人口増加を危惧して、1950年代から保健師や助産師を動員して、各家庭をまわり、「家族計画」（受胎調節）を推進します。その結果として、多産から少子化の流れが生まれ、その流れが元に戻ることはありませんでした。すなわち人口抑制政策は、少子高齢化の原因となりました。

また高度経済成長期に重なったこともあり、団塊の世代は、都会に出て、会社勤めをし、恋愛結婚をして「マイホーム」を築き核家族を形成したのです。さらに時代が進むと、女性の社会進出、晩婚化、未婚化、狭い住宅問題、子どもの高い教育費などがさらに少子化を進展させることになりました。

さて、少子高齢化やそれに伴う人口減少は、わが国の経済や社会に大きな影響を与えることになります。経済では、需要面と供給面の双方にマイナスの影響を与え、中長期的な経済成長を阻害することになるでしょう。そのうち需要面では、多くの分野において国内市場の縮小をもたらすことになります。社会では、人口構成の変化に伴い社会構造が変化することとなり、地域人口の減少や高齢化率の上昇によりコミュニティ維持が困難になるなど、人と人との結びつきが希薄になることで、社会資本の形成・維持が困難となることが危惧されています。

このような少子高齢化の進展、生産年齢人口の減少により、国内市場の縮小による経済規模の縮小、外食、運輸、福祉、建設などの分野での労働力不足、医療・介護費の増大など社会保障制度の給付と負担のバランスの崩壊、財政の危機、基礎的自治体の担い手の減少など様々な社会的・経済的な課題が深刻化することが懸念されています。

（3） 空き家問題について

少子高齢化で影響を受ける問題の1つに「空き家問題」があります。みなさんは、現在の日本でどれくらいの空き家があるか知っていますか。

総務省統計局から公表されている「平成30年住宅・土地統計調査」をもとに空き家の状況を見ていくこととします。住宅・土地統計調査は、5年ごとにわが国の住宅とそこに居住する世帯の居住状況、世帯の保有する土地等の実態を把握し、その現状と推移を明らかにする調査です。その調査によれば、2018（平成30）年における空き家の戸数は849万戸あり、全住宅のうち13.6%を占めています。その数は年々増加しています。近い将来、全国の住宅の3戸に1戸は空き家になるといわれています。

また、国土交通省が実施した「令和元年空き家所有者実態調査」によると、全国の空き家数は約820万戸であり、この20年で1.8倍に増加しています。この2つの調査から、日本全国の空き家は800万戸以上あることは間違いないでしょう。そして今後も空き家は増加していくと予想されています。

空き家が増えている理由は、主に「核家族化」と「人口減少」です。（2）で述べたように、戦前の日本では1つの家に多世代で同居し、大家族で住むのが当たり前でした。それが、戦後は核家族化が進んで家族がバラバラになり、単身世帯も増加しました。特に地方では、進学や就職のためにと首都圏や大阪などの都市部へ移り住み戻ってこない若者が多いため、実家の親世代が亡くなった後、空き家化してしまうケースが増加しているのです。空き家の所有者のなかには、「親からの相続で引き継いだものの、遠方に住んでいて管理できない人」や「その家に愛着がない人」もいます。人口減少による少子高齢化の影響は、こんなところにも及んでいます。

もう1つ、空き家が増えている理由には、税金の問題があります。その土地に居住用の建物が建っている場合は、毎年の土地にかかる税金である固定資産税等が安くなります。居住用の建物が建っている場合、「小規模住宅用地の課税標準の特例」により、小規模住宅用地の場合には課税標準額が、固定資産税は更地の6分の1に、都市計画税は更地の3分の1に軽減されます（その他の住宅用地の場合にはそれぞれ3分の1と3分の2）。

逆にいえば、空き家の管理が面倒だからと家屋を解体して更地にしてしまうと、固定資産税などが跳ね上がってしまうのです。駐車場や新築用地などで利用価値がある土地以外は、更地にすると固定資産税が高くなり、デメリットの方が大きくなります。家具などの残置物撤去やリフォームをしようとしてもお金がかかります。空き家を売ろうと思っても売れない。その結果、空き家のまま放置されるケースが増加しているのです。

空き家の増加は、すでに社会問題となっており、その地域に住んでいる住民や自治体を悩ませています。単に過疎化が進む、景観が損なわれるだけではなく、老朽化や自然災害などによる倒壊や放火の危険性、虫や悪臭の発生、不審者やホームレスによる不法占拠、犯罪の温床になるなど、様々なトラブルの原因になるからです。

このように危険な空き家であっても、個人の財産である以上、行政が勝手に立ち入って対処することはできません。連絡を取っても、所有者が不明だったり、高齢で経済的に対処できなかったりすることがあります。

そこで2014（平成26）年に制定された「空家等対策の推進に関する特別措置法」では、「特定空き家」に認定されると、「小規模住宅用地の課税標準の特例」から除外され、固定資産税が最大6倍、都市計画税が3倍になります。また所有者が改善勧告に従わない場合には、自治体が強制的に補修工事や解体工事を行うことも可能になりました。補修工事や解体工事を行った費用は、所有者に請求されることになります。この法律は、空き家の所有者の管理責任を明確にし、対処を強く促すものになっています。

（4） 住宅セーフティネット制度について

わが国では、高齢者、障害者、子育て世帯等の住宅の確保に配慮が必要な人が今後も増加する見込みですが、住宅セーフティネットの根幹である公営住宅については大幅な増加が見込めない状況にあります。一方で、民間の空き家・空き室は増加していることから、それらを活用した住宅セーフティネット制度が2017（平成29）年10月にスタートしました。この住宅セーフティネット制度は、以下の3つの大きな柱から成り立っています。

① 住宅確保要配慮者の入居を拒まない賃貸住宅（セーフティネット登録住宅）の登録制度

② 登録住宅の改修や入居者への経済的な支援

③ 住宅確保要配慮者に対する居住支援

住宅確保要配慮者とは、住宅の確保に特に配慮を要する者のことです。具体的には、低額所得者、被災者、高齢者、障害者、子育て世帯などが該当します。また、外国人、DV被害者、犯罪被害者なども国土交通省令で定められています。

「住宅確保要配慮者に対する賃貸住宅の供給の促進に関する法律」（住宅セーフティネット法）とは住宅確保要配慮者に対して、賃貸住宅の供給を促進するための法律です。「住宅確保要配慮者に対する賃貸住宅の供給の促進に関する法律の一部を改正する法律」が2017（平成29）年10月に施行されました。セーフティネット住宅と呼ばれる賃貸住宅が登録され、住宅確保要配慮者が優先的に入居できるようになりました。また、家賃債務保証業者が登録され、セーフティネット住宅の入居者に対して家賃の支払いを保証することも可能になりました。

また「住宅セーフティネット法」40条に基づき、本事業を行う法人は「住宅確保要配慮者居住支援法人」として都道府県から指定されています。

居住支援法人は、住宅確保要配慮者の民間賃貸住宅へのスムーズな入居の促進を図るため、住宅確保要配慮者に対し、①家賃債務保証の提供、②賃貸住宅への入居に係る住宅情報の提供・相談、③見守りなどの生活支援等を実施するものです。

（5） 住生活基本計画について

住生活基本計画（全国計画）は、「住生活基本法」（平成18年法律第61号）に基づき、国民の住生活の安定の確保及び向上の促進に関する基本的な計画として策定されています。計画においては、国民の住生活の安定の確保及び向上の促進に関する目標や基本的な施策などを定め、目標を達成するために必要な措置を講ずるよう努めることとされています。国は2021（令和3）年度～2030（令和12）年度を計画期間とする新たな住生活基本計画の概要（2021（令和3）年3月19日閣議決定）を策定しました。

住生活基本計画では、住生活をめぐる現状と課題から3つの視点と8つの目標を設定し、施策を総合的に推進するとしています。

現状と課題としては、世帯の状況、気候変動問題、住宅ストック、多様な住まい方、新しい住まい方、新技術の活用、DXの進展等、災害と住まいを挙げ、「社会環境の変化」「居住者・コミュニティ」「住宅ストック・産業」の3つ視点からDXの推進、子どもを産み育てやすい住まい、高齢者等が安心して暮らせるコミュニティ等、住宅確保要配慮者が安心して暮らせるセーフティネット機能の整備、空き家の状況に応じた適切な管理・除却・利活用の一体的推進など8つの目標を掲げています。

前述の「住宅セーフティネット法」のところでも触れましたが、住宅確保要配慮者（低額所得者、高齢者、障害者、外国人等）の住まいの確保では、以下の3点について述べられています。

① 住宅・福祉部局の一体的・ワンストップ対応による公営住宅・セーフティネット登録住宅や、生活困窮者自立支援、生活保護等に関する生活相談・ 支援体制の確保を図る。

② 地方公共団体と居住支援協議会等が連携して、孤独・孤立対策の観点も踏まえ、住宅確保要配慮者に対する入居時のマッチング・相談、入居中の見守り・緊急対応等の実施。

③ 賃借人の死亡時に残置物を処理できるよう契約条項の普及啓発。多言語の入居手続に関する資料等を内容とするガイドライン等を周知。

その他、バリアフリー住宅及びサービス付き高齢者住宅の整備・推進を打ち出しています。

また空き家についても、空き家の適切な管理の促進とともに、周辺の居住環境に悪影響を及ぼす空き家の荒廃化の未然防止、除却を打ち出しています。そして空き家・空き地バンクを活用しつつ、古民家等の空き家の改修・DIY等を進め、セカンドハウスやシェア型住宅等、多様な二地域居住・ 多地域居住を推進するとしています。

また、国が「住生活基本計画（全国計画）」を都道府県が「住生活基本計画（都道府県計画）」を策定することになっています。住生活基本計画では、耐震化率、バリアフリー化率、省エネ化率、住宅性能表示実施率などの目標を設定し、都道府県内における施策の基本的方針、地域特性に応じた目標・施策、公営住宅の供給目標などを掲げています。

栃木県の地方紙である下野新聞の記事は、2021（令和3）年度を初年度とする今後10年間の住宅施策の指針となる「栃木県住宅マスタープラン」（栃木県住生活基本計画、栃木県高齢者居住安定確保計画、栃木県賃貸住宅供給促進計画）2021-2030を取りあげたものです。少子高齢化に伴う空き家の増加で、栃木県では16万戸の空き家があり、「2030年度までに管理不全の6千戸の空き家をなくすとともに、空き家の発生を抑える」「住宅のストック数は余っており、どう生かしていくかが課題」と、栃木県の担当者が述べていますが、空き家の問題は、栃木県だけではなく全国の共通の課題となっています。その一方で、高齢社会を反映して、高齢者が入居できる、安全に生活することができるセーフティネット住宅、バリアフリー性能がある住宅、サービス付き高齢者向け住宅が求められており、「栃木県住宅マスタープラン」でもそれらの住宅の推進が目標と掲げられています。

参考資料

総務省統計局「人口推計2021（令和3）年10月1日」
https://www.stat.go.jp/data/jinsui/2021np/index.htm（最終閲覧日　2023（令和5）年9月8日）

厚生労働省　令和4年（2022）人口動態統計月報年計（概数）概況
https://www.mhlw.go.jp/toukei/saikin/hw/jinkou/geppo/nengai22/index.html（最終閲覧日　2023（令和5）年9月8日）

令和3年版情報通信白書
https://www.soumu.go.jp/johotsusintokei/whitepaper/ja/r03/html/nd132100.htm（最終閲覧日　2023（令和5）年9月7日）

総務省統計局「平成30年住宅・土地統計調査」
https://www.stat.go.jp/data/jyutaku/2018/tyousake.html（最終閲覧日　2023（令和5）年9月7日）

令和元年空き家所有者実態調査のURL
https://www.mlit.go.jp/report/press/house02_hh_000163.html（最終閲覧日　2023（令和5）年9月7日）

国土交通省　地方公共団体の住生活基本計画
https://www.mlit.go.jp/jutakukentiku/house/jyuuseikatukihonnkeikaku_todoufukennkeikaku_sityousonnkeikaku.htm（最終閲覧日　2023（令和5）年9月7日）

（小出　享一）

記事　「子ども家庭福祉」関係の記事をスクラップし、貼ってみましょう。

1．その記事の中で「子ども家庭福祉」に関係した制度、法律、サービス、施設、機関等の語句を３つ選び自分で調べてみましょう。

（1）

（2）

（3）

2. この記事を読んだ感想をまとめてみましょう。

第3章 子ども家庭福祉の歴史

記 事

活動の歩み 写真、資料で

石井十次に学ぶ会 5周年記念し展示

「石井十次に学ぶ会」の活動をたどる設立5周年記念展示

日本初となる岡山孤児院を岡山市に開設した石井十次（1865～1914年）を顕彰する住民グループ「石井十次に学ぶ会」の設立5周年記念展示が23日、西大寺緑花公園・百花プラザ（東区西大寺南）で始まった。25日まで。

会は東区大宮地区の住民が2018年7月に結成し、現在は100人超が活動。同地区は、出身地の宮崎から岡山に移り住んだ十次が最初に孤児を受け入れた診療所があったことから「岡山孤児院発祥の地」とされる。

展示は会の歩みを振り返る。初めて受け入れた孤児と出会った大師堂の保全活動や、十次の精神を見習い地元小学校で行った放課後の児童の預かり活動などを写真や資料で紹介。生涯を伝えようと作った子ども向け紙芝居、十次直筆の書簡も並ぶ。

会は町内会など団体対象の研修事業も手がけており、東森貢会長（72）は「偉業の伝承はもちろん、十次の精神や生き方から学び、何を行動に移せるかを今後はいろいろな人と一緒に考えていきたい」としている。

午前9時～午後4時（25日は同3時まで）。入場無料。

（田井香菜子）

出典：2022年12月24日山陽新聞朝刊

1．調べてみましょう。

（1） 石井十次とはどのような人物でしょうか。

（2） 岡山孤児院について調べましょう。

（3） 児童福祉の分野で偉業を成し遂げた人物の名前をいくつか調べましょう。

（4） 明治時代に設立された児童福祉の施設の名前をいくつか調べましょう。

（5） 放課後の児童の預かり活動について調べてみましょう。

2. この記事を読んだ感想をまとめてみましょう。

3. 解　説

（1） 石井十次と岡山孤児院十二則

石井十次は、現在の宮崎県出身です。キリスト教を信仰し、岡山孤児院を創設しました。

宮崎県にある社会福祉法人石井記念友愛社のホームページ（http://www.yuuaisya.jp）には石井十次について次の記述があります。

> 明治20年、岡山県邑久郡大宮村上阿知診療所で代診。四国巡礼帰途の母親から男児を1人預かったのをきっかけに、孤児救済事業を始める。三友禅寺の一画を借り、「孤児教育会」（後に「岡山孤児院」と改称）の看板を掲げた。明治時代には社会福祉制度がなかったため、資金は個人の善意や寄付に頼るしかなかった。そこで「孤児教育会趣意書」を作成し、キリスト教関係者に協力を仰ぎ、孤児教育会を会員組織としてキリスト教徒や医学校の同窓生を中心に会員を募り、県内外の人に理解を求めた。（中略）明治45年、茶臼原を「岡山孤児院分院茶臼原孤児院」と称し、岡山には里子だけを残して全移住完了。

岡山孤児院における独自の教育法は岡山孤児院十二則としてまとめられました。それは家族主義、委託主義、満腹主義、実行主義、非体罰主義、宗教主義、密室主義、旅行主義、米洗主義、小学主義、実業主義、托鉢主義の12であり、当時としては進歩的内容でした。

（2） 児童福祉の施設や法令に関する歴史

1876（明治9）年、「福田会育児院」が設立され、寺院を中心に運営されました。1883（明治16）年、池上雪枝が大阪で「池上感化院」を設立しました。1890（明治23）年、小橋勝之助が兵庫県赤穂で博愛社を設立しました。1890（明治23）年、赤沢鍾美《あつとみ》が新潟で静修学校を開き、ここに通ってくる塾生の弟妹の預かり保育も始め、1908（明治41）年に保育施設を「守《しゅ》孤《こ》扶《ふ》独《どく》幼稚児保護会」としました。留岡幸助は1899（明治32）年に東京府巣鴨村に感化院の「家庭学校」を設立しました。また、石井亮一が、知的障害児施設である「滝乃川学園」を設立しました。

戦後の児童福祉・障害児福祉の分野でも偉業を成し遂げた人たちが大勢います。例えば、1963（昭和38）年に重症心身障害児施設「びわこ学園」を創設した糸賀一雄もその一人です。糸賀は「この子らに世の光を」ではなく「この子らを世の光に」と唱えて新しい価値観の創造を目指しました。

大正時代末から昭和初期は日本は不況で苦しい時代でした。子どもを含め生活に困窮する人たちも大勢いました。1929（昭和4）年成立の「救護法」は第6条で「本法ニ於テ救護施設ト称スルハ養老院、孤児院、病院其ノ他ノ本法ニ依ル救護ヲ目的トスル施設ヲ謂フ」と定められました。すなわち、孤児院は公的扶助としての救護施設の一種でした。ここで、法律上はじめて孤児院が規定されました。「児童福祉法」制定に伴い孤児院は養護施設に改称されました。戦後は戦災孤児などがたくさんいましたので、養護施設もたくさん設置されました。この養護施設ですが、1997（平成9）年に虚弱児施設と共に児童養護施設とされました。

この後の昭和から平成にかけての子ども家庭福祉に関する法令等の歴史について見てみると次のようになります。戦前では、1933（昭和8）年に「児童虐待防止法」が制定されたほか、不良少年対策の法律である「感化法」が「少年教護法」に改正されました。戦後は、戦災復興から始まりました。福祉三法の1つである「児童福祉法」が1947（昭和22）年に制定されたほか、1951（昭和26）年には「児童憲章」も制定されました。高度経済成長期以後では、1964（昭和39）年に「母子福祉法」が制定されました。これは福祉六法の1つに数えられます。なお、「母子福祉法」はその後改題され、現在は「母子及び父子並びに寡婦福祉法」という名前です。その後も1971（昭和46）年には「児童手当法」が制定され、1974（昭和49）年には「重度精神薄弱児扶養手当法」が「特別児童扶養手当法」となりました。少子化対策としては、1994（平成6）年にエンゼルプラン（今後の子育て支援のための施策の基本的方向）が発表されて以降、様々な計画が実施されています。2006（平成18）年には「就学前の子どもに関する教育、保育等の総合的な提供の推進に関する法律」（「認定こども園法」）が成立しました。2012（平成24）年には「子ども・子育て支援法」「認定こども園法の一部改正」「子ども・子育て支援法及び認定こども園法の一部改正法の施行に伴う関係法律の整備等に関する法律」の子ども・子育て関連3法に基づく「子ども・子育て支援新制度」ができました。児童の貧困問題に対応するため2013（平成25）年、「子どもの貧困対策の推進に関する法律」が成立しました。2016（平成28）年には「児童福祉法」が大改正されました。

（3）放課後の児童の預かり活動

放課後の児童の預かり活動は、戦前から少しずつ行われて戦後も早くから取り組みがなされていましたが、高度経済成長期とりわけ1960年代初めごろから拡大を続けています。現在では法的な位置付けもなされ、放課後児童健全育成事業として放課後や長期休みの学童の受け入れを行っています。

（今井　慶宗）

記事　「子ども家庭福祉」関係の記事をスクラップし、貼ってみましょう。

1．その記事の中で「子ども家庭福祉」に関係した制度、法律、サービス、施設、機関等の語句を３つ選び自分で調べてみましょう。

（1）

（2）

（3）

2. この記事を読んだ感想をまとめてみましょう。

第4章　子ども家庭福祉の法律

記　事

児童ポルノ摘発10代44%

22年 905人、SNS影響か

２０２２年に全国の警察が児童ポルノ事件で摘発したのは前年に比べ64人増の２０５３人で、このうち10代が９０５人と44・１%を占めることが9日、警察庁の統計（確定値）で分かった。10代の割合は19年以降、4割超で推移し、13年の22・7%と比べ約2倍となっている。９０５人の６割が高校生だった。

警察庁の担当者は「実態として10代が児童ポルノの被害者にも容疑者にもなっている」と指摘。スマートフォンや交流サイト（SNS）の普及の影響とみられ、適切な利用を促す広報啓発活動を進めるとしている。

警察庁の露木康浩長官は9日の定例記者会見で、高校生が安易に裸の自撮り画像を投稿して摘発されるケースが多いとして「スマホやSNSの利用にはリスクが潜んでいることを広報啓発していきたい」と述べた。

摘発された児童ポルノ事件は前年比66件増の３０３５件。被害に遭った18歳未満の児童は29人増の１４８７人で、中高生が約8割を占めた。被害状況別では、だまされたり、脅されたりして、自分で撮影した裸の画像をSNSなどで送信させられるケースが約４割を占めた。

SNSをきっかけとして犯罪被害に遭った児童は１７３２人。性犯罪のほか、誘拐などの重要犯罪の被害児童は１５８人で増加傾向となっている。投稿内容の半数が趣味や日常生活、友達募集などで、最初の投稿の約7割が被害児童からのものだった。

刑法犯として摘発された20歳未満は69人増の１万４８８７人。近年は減少傾向が続き、21年は戦後最少だったが、増加に転じた。警察庁は新型コロナウイルス対策の行動制限緩和が影響したとみている。大麻関連事件の摘発人数は年々増加していたが、82人減の９１２人だった。

出典：2023年3月10日山陽新聞朝刊（共同通信配信）

1．調べてみましょう。

（1） 児童ポルノの摘発件数について調べてみましょう。

（2） 児童買春や児童ポルノの定義を調べてみましょう。

（3） ウェブサイトや SNS を利用するとき、児童ポルノ被害に遭わないようにするためにはどのようなことに注意したらよいでしょうか。

2. この記事を読んだ感想をまとめてみましょう。

3. 解　説

（1） 児童ポルノの摘発数について

最近、児童ポルノの製造や児童買春をはじめとする児童の性被害が報告されています。このような性被害は、児童の心身に有害な影響を及ぼし、かつその人権を著しく侵害する極めて悪質な行為です。今回は、そのような摘発情報を載せた新聞記事を題材にいろいろな視点から児童ポルノ事件について考えてもらいました。

表 4-1　児童買春・児童ポルノ事犯摘発件数

		令和元年	令和２年	令和３年	令和４年
児童買春事犯等	検挙件数	2,629	2,409	2,330	2,206
	検挙人員	2,037	1,818	1,700	1,649
	被害児童	1,754	1,531	1,504	1,461
児童ポルノ事犯	検挙件数	3,059	2,757	2,969	3,035
	検挙人員	2,116	1,965	1,989	2,053
	被害児童	1,559	1,320	1,458	1,487

政府広報オンラインにある統計（表4-1）を①検挙件数、②検挙人員、③被害児童でみると、2022（令和 4）年における児童買春事犯等（児童買春、淫行させる行為（「児童福祉法」)、みだらな性行為（「青少年保護育成条例」)）は、① 2,206 件、② 1,649 人、③ 1,461 人です。いずれも 2019（令和元）年（① 2,629 件、② 2,037 人、③ 1,754 人）から減少し続けています。その一方で、2022（令和 4）年の児童ポルノ事犯は、① 3,035 件、② 2,053 人、③ 1,487 人で 2019（令和元）年（① 3,059 件、② 2,116 人、③ 1,559 人）と比べると、被害児童が減少していますが、コロナが流行していた 2020（令和２）年から 2021（令和 3）年に比べ増加しています。

2022（令和 4）年の児童ポルノ事犯の被害児童（1,487 人）の学識別割合は、中学生が 592 人（39.8%)、高校生 580 人（39.0%)、小学生 243 人（16.3%)、未就学 39 人（2.6%)、その他 33 人（2.2%）となり中高生が 78.8%を占めています。以前までは高校生の割合が高かったのですが、中学生が最多となり被害児童の低年齢化が進んでいることがわかります。

被害内容としては、自撮り 577 人（38.8%)、盗撮 252 人（16.9%)、児童買春・淫行行為 234 人（15.7%)、強制性交等・強制わいせつ等 143 人（9.6%)、その他 281 人（18.9%）であり、低年齢児童では、盗撮 110 人（39.0%)、強制性交等・強制わいせつ等 78 人（27.7%)、自撮り 63 人（22.3%）であり、被害別では自撮り、低年齢児童の場合は盗撮が多くなっています。

被疑者の年代別割合についてですが、これまで 20 歳代から 40 歳代が同じ比率で推移していましたが、2022（令和 4）年は 10 歳代が最も多く、次いで 20 歳代となっており、被疑者の年齢が低年齢化しています。

児童ポルノの摘発件数の低年齢化が進んでいる要因の１つとして、携帯電話やインターネットの普及が考えられます。例えば、携帯電話には高性能のカメラ機能に加え、簡単に撮影、編集、公開ができる機能があるように、フェイスブックやエックス、インスタグラムといった SNS（ソーシャル・ネットワーキング・サービス）などで、簡単に他の人たちとやり取りができるようになったことが挙げられます。

（2） 「児童買春、児童ポルノに係る行為等の規制及び処罰並びに児童の保護等に関する法律」（児童ポルノ禁止法）について

18 歳未満の児童が児童買春や児童ポルノ被害に遭わないように、1999（平成 11）年に「児童ポルノ禁止法」が施行されました。その後、被害が増加している実情や児童の権利の擁護に関する国際的動向等に鑑みて、児童買春や児童ポルノの定義を明確にしたほか、事業者による所持、

提供等の禁止に加えて性的好奇心を満たす目的の所持を禁止するとともに、罰則規定の引き上げを図るために2014（平成26）年に法律が改正されました。

〔児童買春の定義〕

下記の①～③にあてはまる者に対して、対償を供与又はその供与の約束をし、性交等（性交もしくは性交類似行為をし、または自己の性的好奇心を満たす目的で、児童の性器等を触り、若しくは自己の性器等を触らせること）をすることと定められています〔第2条2項〕。

① 児童（18歳に満たない者）

② 児童に対する性交等の周旋《しゅうせん》をした者

③ 児童の保護者（親権を行う者、未成年後見人その他の者で、児童を現に監護するもの）又は児童をその支配下に置いている者

〔児童ポルノの定義〕

下記の要件にあてはまる写真や電磁的記録（電子的方式、磁気的方式等）〔第2条3項〕

① 性交や性交類似行為をしている児童の姿を描写したもの

② 児童が他人の性器を触ったり、他人が児童の性器等を触ったりしている児童の姿を描写したもので、性欲を興奮させまたは刺激するもの

③ 衣服の全部または一部を着けていない児童の姿で、殊更に性的な部位が露出又は強調されているもので、性欲を興奮させ又は刺激するもの

さらに友人関係では、裸の写真を送るよう求めたり写真を送ったりするほか、友人等の裸の写真をスマートフォン等に保存した場合には、本法によって検挙・補導されてしまうおそれがあることを理解しておく必要があります。

この法律で検挙された場合には罰則規定があり、他人に提供する目的で製造（盗撮など）した場合は、3年以下の懲役又は300万円以下の罰金が課せられます。その他の罰則規定としては、児童買春は5年以下の懲役又は300万円以下の罰金、児童買春の斡旋をした場合は5年以下の懲役又は500万円以下の罰金などと、細かく罰則規定が示されています（第4条から第14条）。

（3） 児童ポルノ被害に遭わないようにする

児童を被害から守るには、インターネットを使用する時におけるメリット、デメリットを説明し、家庭内でルールを決めておくこと。さらにインターネット利用時には、利用目的を明確にしてから操作することが大切になります。また、子どもを守る家族は、出会い系サイトといった有害サイトの閲覧を制限（排除）できるフィルタリング（有害サイトアクセス制限サービス）を積極的に利用する必要があります。

これらのルールをしっかりと守っていても、共通の趣味をもつ者同士が情報交換するウェブサイト（インターネットゲームなど）や、SNS（ソーシャル・ネットワーキング・サービス）などを利用して被害を受ける場合があります。特にインターネット上にアップされた写真は、国内外に拡散され、すべての写真を削除することは不可能になります。そのため、普段から下記のような行為に注意するとともに、私たちが「被害児童を増やさない」という気持ちをもって啓蒙活動をする必要があります。

〔注意事項〕

・自分の裸をスマートフォン等で撮影しない（軽い気持ちで行うと被害が拡大する恐れがある）。

・交際相手、信用できる友達等に、自分の裸が撮影されている写真を送らない。また、面識のない者（SNSの相手等）に対しては、絶対に送らない。

・デジタル写真はコピーが容易で、インターネット上に流出すると、すべての写真を削除することは非常に困難になることを理解しておきましょう。

最後に、「児童買春、児童ポルノに係る行為等の規制及び処罰並びに児童の保護等に関する法律」の他に、「インターネット異性紹介事業を利用して児童を誘引する行為の規制等に関する法律」（通称「出会い系サイト規制法」）があります。この法律は、出会い系サイトの利用に起因する児童買春その他の犯罪から児童を保護し、もって児童の健全な育成に資することを目的としていますので、今回の学習を進めるなかで調べてみましょう。

引用・参考資料

警察庁「なくそう、子供の性被害。」
https://www.npa.go.jp/policy_area/no_cp/laws/
警察庁「出会い系サイト規制法の改正」
https://www.caa.go.jp/policies/policy/consumer_policy/policy_coordination/internet_committee/pdf/110928shiryo4_2.pdf（最終閲覧日　2024年1月8日）

（小倉　毅）

記事　「子ども家庭福祉」関係の記事をスクラップし、貼ってみましょう。

1．その記事の中で「子ども家庭福祉」に関係した制度、法律、サービス、施設、機関等の語句を３つ選び自分で調べてみましょう。

（1）

（2）

（3）

2. この記事を読んだ感想をまとめてみましょう。

第5章　子どもと保育

記　事

こども庁 全国初調査

「不適切な保育」914件

岡山35件 広島20件 90件は虐待判断

こども家庭庁は12日、全国の保育所で昨年４～12月に、園児の心身に悪影響を及ぼす「不適切な保育」が計９１４件確認されたと発表した。全市区町村を対象にした初の実態調査で明らかになった。うち90件は激しく揺さぶるなどの虐待に当たると自治体が判断した。

通報義務化検討

同庁は保育所で職員による虐待を把握した場合に自治体への通報を義務化するため、児童福祉法の改正を検討。再発防止に向けたガイドラインも策定し、保育所や自治体の情報共有を求めた。

調査は、静岡県裾野市の私立保育園で園児を逆さづりにしたなどとして、保育士が昨年12月に暴行容疑で逮捕された事件を受けて実施。園児への脅迫的な言葉がけや乱暴な関わりなどについて、昨年４～12月に保育所などから情報が寄せられたケースを尋ねた。

市区町村が事実確認をしたのは計１４９２件。このうち、実際に不適切保育と確認されたのは計９１４件だった。都道府県別では東京が１７３件と最多で、岐阜79件、神奈川65件が続いた。岡山が35件、広島20件だった。

不適切保育のうち自治体が虐待と認定したのは計90件で、東京24件、静岡19件、愛知10件の順。広島は6件、岡山はなかった。

保育所に加え、認可外保育施設や認定こども園などを含めた保育施設全体では、不適切な保育が計１３１６件、虐待が計１２２件確認された。

自治体ごとに件数のばらつきがあり、「不適切な保育」の明確な定義がないため保育所などから報告されていないケースもあるとみられる。

ガイドラインは不適切な保育に関し「虐待等と疑われる事案」との考え方を示し、判断に迷った場合は自治体に相談するよう促した。虐待については「身体的虐待」「性的虐待」「ネグレクト」「心理的虐待」の4類型で、部屋の外に閉め出す、おむつを替えない、などの具体例を明示した。

市区町村が相談を受けた場合、緊急性を判断し、子どもの心身に有害だと認めれば、保育所に改善を勧告するほか、国や都道府県とも情報共有するよう求めた。

市区町村と並行して行った全保育所への調査（２万１６４９施設が回答）では、１万５７５７施設が「不適切な保育は０件だった」と回答。一方で82施設が31件以上とするなどばらつきがあった。

出典：2023年5月13日山陽新聞朝刊（共同通信配信）

1．この記事で取り上げられている、こども家庭庁が 2023（令和５）年５月に発表した「保育所等における虐待等の防止及び発生時の対応等に関するガイドライン」（以下、「ガイドライン」と略）を読んで、次の課題に取り組みましょう。

（1）「ガイドライン」では、「保育所等における虐待」をどのように定義していますか。整理してまとめましょう。

（2）「ガイドライン」では、「不適切な保育」について、どのように説明していますか。ガイドライン策定に至る経緯も含め、整理してまとめましょう。

2. 全国保育士会『「人権擁護のためのセルフチェックリスト」を用いた保育の振り返り ― 報告 ―』（2023年５月）を読んで、次の課題に取り組みましょう。

（１） 保育所等における虐待や不適切な保育の背景について考えてみましょう。

（２）（１）での考察をふまえて、虐待や不適切な保育をなくしていくために必要なことを、考えてみましょう。

3. この記事を読んだ感想をまとめてみましょう。

4. 解　説

（1） 保育所等における虐待

保育所等における虐待については、「児童福祉施設の設備及び運営に関する基準」第９条の２で禁止されています。しかしながら、被措置児童等虐待のように具体例が示されていなかったことを受け、こども家庭庁が2023（令和５）年５月に発表した「保育所等における虐待等の防止及び発生時の対応等に関するガイドライン」（以下、「ガイドライン」とする）では、保育所等における虐待を、次のように定義しました。保育所等の職員が行う、「①身体的虐待（保育所等に通うこどもの身体に外傷が生じ、又は生じるおそれのある暴行を加えること）、②性的虐待（保育所等に通うこどもにわいせつな行為をすること又は保育所等に通うこどもをしてわいせつな行為をさせること）、③ネグレクト（保育所等に通うこどもの心身の正常な発達を妨げるような著しい減食又は長時間の放置、当該保育所等に通うこどもによる①②又は④までに掲げる行為の放置その他の保育所等の職員としての業務を著しく怠ること）、④心理的虐待（保育所等に通うこどもに対する著しい暴言又は著しく拒絶的な対応その他の保育所等に通うこどもに著しい心理的外傷を与える言動を行うこと）」、さらに、これらの行為のほか、保育所等に通うこどもの心身に有害な影響を与える行為である「その他当該児童の心身に有害な影響を与える行為」を含めて虐待としています。

ガイドラインでは、上記の各行為類型の具体例も示しているほか、個別の行為等が虐待等であるかどうかを、子どもや保育所等の職員の状況等から総合的に判断する際には、当該子どもの立場に立って判断すべきであることに留意するよう促しています。

（2） 不適切な保育

ガイドラインに先立って2021（令和３）年に作成された『不適切な保育の未然防止及び発生時の対応についての手引き』（以下、『手引き』とする）では、不適切な保育を、「保育所での保育士等による子どもへの関わりについて、保育所保育指針に示す子どもの人権・人格の尊重の観点に照らし、改善を要すると判断される行為」とし、その行為類型を、「①子ども一人一人の人格を尊重しない関わり、②物事を強要するような関わり・脅迫的な言葉がけ、③罰を与える・乱暴な関わり、④子ども一人一人の育ちや家庭環境への配慮に欠ける関わり、⑤差別的な関わり」の５つに整理しています[1)]。これは、全国保育士会が『手引き』に先だって作成した『保育所・認定こども園等における人権擁護のためのセルフチェックリスト～「子どもを尊重する保育」のために～』（以下、「全国保育士会チェックリスト」とする）において、「『良くない』と考えられるかかわり」のカテゴリーとして挙げられたものを引き継いだものとなっています。

しかしながら、ガイドラインでは、この「『良くない』と考えられるかかわり」の各カテゴリーに分類されるかかわりの具体例の中には、「不適切な保育とまではいえないものも含まれて」いるとして、不適切な保育を「虐待等と疑われる事案」に限定し、具体例には言及していません。むしろ、子どもの人権擁護の観点から「望ましい」と考えられるかかわりができているかどうか、より良い保育に向けた振り返り等への取り組みを重視しています[2)]。

（3） 全国保育士会が2023（令和5）年5月に公表した『「人権擁護のためのセルフチェックリスト」を用いた保育の振り返り ― 報告 ― 』は、全国保育士会常任委員（11名）が所属する園の保育者を対象に、2023（令和5）年2月2日～2月17日の期間における自らの保育を振り返り、「良くないと考えられるかかわり」を行ったことがあるか、それは具体的にどのようなかかわりだったか、改善に向けて対応したこと、その結果起こった自身の保育の変化、保育現場で「良くないと考えられるかかわり」を減らしていくために必要なことなどについて回答を依頼して行った調査の報告書です。

本調査で、「良くないと考えられるかかわり」を行ったことがあるという回答は78件（49.1%）で、最も多かったのは「物事を強要するようなかかわり・脅迫的な言葉がけ」(52.6%)、次いで「子ども一人ひとりの人格を尊重しないかかわり」(29.5%)、「罰を与える・乱暴なかかわり」(11.5%) が続きます。その具体的内容を見ると、尿意はないという子どもにトイレに行くよう促したり、切り替えができない子どもの活動を強制的に終わらせてしまったり、子どもの問いかけに「ちょっと待ってね」「あとでね」と応じたなど、子どものペースを大切にしたかかわりができなかったことを挙げる回答が多くみられます。すべてが虐待や不適切な保育と重なるものではありませんが、そこにつながる可能性のあるかかわりであり、これらを減らしていくことが、虐待や不適切な保育を予防する上でも重要であると考えられます。

「保育現場で『良くないと考えられるかかわり』を減らしていくためには、何が必要か」という設問では、保育者が余裕を持って仕事に取り組める条件整備（職員の増員、時間的なゆとり、賃金値上げなど）を挙げる回答が多くみられます。また、研修や、職員間のコミュニケーションの重要性も指摘されています。つまり、職員が足りず、休みも十分にとれない厳しい労働条件のもとで、同僚とのコミュニケーションやスキルアップのための研修もままならず、賃金水準も低い。こうした状況のもとで、「良くないと考えられるかかわり」が生じていることが窺えます。

（4） 虐待や不適切なかかわりをなくすための取り組みには、保育者一人ひとりが取り組むべきこと、職員集団・園としてできること、国・地方自治体レベルで実行すべきことがあると考えられます。

特に重要なのは、虐待あるいは不適切なかかわりの背景を変えていくための取り組みです。国・地方自治体による保育現場における保育士の配置基準や賃金の見直しなどは喫緊の課題です。他の国々の状況にも学びながら、具体的な変化が期待できる水準まで改善することが必要です。

また、職員集団・園レベルでは、実践上の悩みに応えるために、日々の振り返りや定期的な研修の実施など、保育者の学びや職員間のコミュニケーションの機会を充実させていくことなどが考えられます。保育者には、当事者として、これらの課題を意識的に追求する努力が求められていると言えます。

注

1) 株式会社キャンサースキャン『令和2年度子ども・子育て支援推進調査研究事業「不適切保育に関する対応について」事業報告書（別添）不適切な保育の未然防止及び発生時の対応についての手引き』2021（令和3）年3月、p.3.
https://cancerscan.jp/wp-content/uploads/2021/06/dcd34c7b5f61320be9d95ac0c0751157.pdf（最終閲覧日2023年6月2日）。

2) こども家庭庁「保育所等における虐待等の防止及び発生時の対応等に関するガイドライン」2023年5月、pp.6–7.

https://www.cfa.go.jp/assets/contents/node/basic_page/field_ref_resources/e4b817c9-5282-4ccc-b0d5-ce15d7b5018c/13e273c2/20230512_policies_hoiku_3.pdf（最終閲覧日　2023年6月2日）。
全国保育士会『「人権擁護のためのセルフチェックリスト」を用いた保育の振り返り ― 報告 ―』において、山縣文治氏も同様の指摘をしています。

（村田　恵子）

記事　「子ども家庭福祉」関係の記事をスクラップし、貼ってみましょう。

1．その記事の中で「子ども家庭福祉」に関係した制度、法律、サービス、施設、機関等の語句を３つ選び自分で調べてみましょう。

（1）

（2）

（3）

2. この記事を読んだ感想をまとめてみましょう。

第6章　子ども家庭福祉の機関

記　事

児童虐待防止 連携を

児相、県警合同研修　通報巡り意見交換

児童虐待の対応について意見を交わす児童相談所職員と県警察官ら

児童虐待防止推進月間（11月）に合わせ、虐待対応に関する県と県警の合同研修会が8日、岡山市北区南方のきらめきプラザであった。県が所管する児童相談所の職員や生活安全部門の警察官計約70人が連携強化の重要性を確認した。

母子愛育会愛育研究所（東京）の山本恒雄客員研究員が講演。虐待を疑いながら通報に至らないケースが後を絶たない状況を踏まえ、「親子を救う支援につながるという発想が根付いていくことが必要だ」と指摘した。米国では虐待疑いを認知した際の通告義務が制度化されていることも紹介した。

参加者同士の意見交換も行い、「児童相談所に通報があっても現場到着に時間を要することがあり、警察との連携の必要性を感じている」「通報では氏名や住所が違うこともあり、必要な通報事項を周知するべきだ」といった声が聞かれた。

参加した倉敷児童相談所の葛尾智裕さん（36）は「児相と警察の双方の認識や考え方の違いが改めて分かった。日頃から意見を伝え合うことが大切だと実感した」と話した。

出典：2021年11月9日山陽新聞朝刊

1．調べてみましょう。

（1） 児童相談所の設置目的と具体的な業務について調べてみましょう。

（2） 警察の児童虐待防止に関する取り組みについて調べてみましょう。

（3）2022（令和4）年度の児童相談所における児童虐待相談対応件数や相談経路について調べてみましょう。

（4）児童虐待防止に関して、児童相談所と警察以外にどのような関係機関が連携しているかを調べてみましょう。

2. この記事を読んで感想をまとめてみましょう。

3. 解　説

（1） 児童相談所の設置目的と具体的な業務について

児童相談所の設置目的は、子どもに関する家庭等からの相談に応じ、子どもが有する問題・子どもの真のニーズ・子どもの置かれた環境等の把握と、個々の子どもや家庭に最も効果的な援助により子どもの福祉を図るとともにその権利を擁護することです。

児童相談所の役割は、①児童に関する家庭その他からの相談のうち専門的な知識及び技術を必要とするものに応ずること、②市町村間の連絡調整、情報の提供等必要な援助を行うことです（市町村は、児童及び妊産婦の福祉に関し、家庭その他からの相談に応じ、必要な調査及び指導を行います）。

児童相談所の具体的な業務として、①市町村援助（市町村による児童家庭相談への対応について、市町村相互間の連絡調整等必要な援助）、②相談（家庭等の養育環境の調査や専門的診断を踏まえた子どもや家族に対する援助決定）、③一時保護、④措置（在宅指導、児童福祉施設入所措置、里親委託等）等があります。

児童相談所の設置に関して、都道府県と政令指定都市（地方自治法で「政令で指定する人口50万以上の市」と規定されている都市）に設置が義務付けられています。中核市（「地方自治法」で「政令で指定する人口20万以上の市」と規定されている都市）と特別区（現在は東京23区）は任意で設置が可能です。

（2） 警察の児童虐待防止に関する取り組みについて

警察の児童虐待防止に関する取り組みには、①被害児童の早期発見、保護及び事件化すべき事案の厳正な捜査、②児童虐待が疑われる事案を認知した場合の児童相談所への通告・情報提供の徹底、③児童相談所との合同研修の実施等があります。一つずつ見ていきましょう。

① 被害児童の早期発見、保護及び事件化すべき事案の厳正な捜査

警察では、街頭補導、少年相談、110番通報の取扱い等様々な活動の機会をとらえて、児童虐待事案の早期発見に努めています。また、犯罪に当たる事案については厳正に捜査を行い、刑事事件として検挙しています。

② 児童虐待が疑われる事案を認知した場合の児童相談所への通告・情報提供の徹底

警察が被害児童を発見したときは、児童を保護するため、速やかに児童相談所に通告しています。また、児童相談所等関係機関に対する事前照会や通告後の情報共有も行われています。

③ 児童相談所との合同研修の実施

新聞記事にあるように、警察と児童相談所は、児童虐待防止における連携強化等を目的として、合同研修を実施します。特に、毎年11月は「児童虐待防止推進月間」と定められているため、それに合わせて合同研修を行うこともあります。

（3） 児童相談所における児童虐待相談対応件数・相談経路について

こども家庭庁『令和4年度児童相談所での児童虐待相談対応件数（速報値）』によると、2022（令和4）年度中に、全国232か所の児童相談所が児童虐待相談として対応した件数は21万9,170件で、過去最多となっています。児童虐待相談が増加している要因には、社会的関心の高まりが挙げられます。また、2004（平成16）年に改正された「児童虐待の防止等に関する法律」（児童虐待防止法）で、対象が「虐待された児童」から「虐待を受けたと思われる児童」に広がったこ

とが影響していると考えられます。この改正により、虐待の事実が必ずしも明らかでなくても、主観的に児童虐待があったと思う場合でも、通告義務（「児童福祉法」第25条）が生じることになりました。

児童虐待の相談経路に関しては、警察等が最も多く（51.5%）、次いで近隣・知人（11.0%）、家族・親戚（8.4%）、学校（6.8%）となっています。児童虐待の相談経路として警察等が多い理由は、子どもがいる前での夫婦間のDV（ドメスティック・バイオレンス）が影響していると考えられています。配偶者にDVを受けた人が警察に相談することにより、そのDVを目撃した子どもが心理的虐待を受けていたことが発覚し、警察が児童相談所に通報するという構図です。これは、2022（令和4）年度の虐待相談の内容別件数において、心理的虐待が59.1%を占めることにも関連していると考えられます。

（4）児童虐待防止に関して連携している関係機関について

児童虐待防止に関して連携している関係機関は、都道府県（児童相談所）、市町村、福祉事務所、知的障害者更生相談所、身体障害者更生相談所、発達障害者支援センター、児童福祉施設（保育所・児童養護施設・児童家庭支援センターなど）、里親、児童委員、婦人相談所、配偶者暴力相談支援センター、社会福祉協議会、保健所、市町村保健センター、精神保健福祉センター、医療機関、学校、教育委員会、民間団体、公共職業安定所等の多岐にわたっています。子どもや家庭をめぐる問題は複雑・多様化しており、問題が深刻化する前の早期発見・早期対応、子どもや家庭に対するきめ細かな支援が重要となっています。関係機関同士でネットワークを構築し、連携を図ることが必要です。

参考

厚生労働省　子ども虐待対応の手引き

第1章　子ども虐待の援助に関する基本事項　https://www.mhlw.go.jp/bunya/kodomo/dv12/01.html（最終閲覧日　2023年12月28日）

第3章　通告・相談への対応　https://www.mhlw.go.jp/bunya/kodomo/dv12/03.html（最終閲覧日　2023年12月28日）

第11章　関係機関との連携の実際　https://www.mhlw.go.jp/bunya/kodomo/dv12/11.html（最終閲覧日　2023年12月28日）

厚生労働省　警察における児童虐待への対応について

https://warp.da.ndl.go.jp/info:ndljp/pid/13113824/www.mhlw.go.jp/content/11900000/000676850.pdf（最終閲覧日　2023年12月28日）

こども家庭庁　令和4年度児童相談所における児童虐待相談対応件数（速報値）

https://www.cfa.go.jp/assets/contents/node/basic_page/field_ref_resources/a176de99-390e-4065-a7fb-fe569ab2450c/12d7a89f/20230401_policies_jidougyakutai_19.pdf（最終閲覧日　2023年12月28日）

（森田　裕之）

記事　「子ども家庭福祉」関係の記事をスクラップし、貼ってみましょう。

1．その記事の中で「子ども家庭福祉」に関係した制度、法律、サービス、施設、機関等の語句を３つ選び自分で調べてみましょう。

（1）

（2）

（3）

2. この記事を読んだ感想をまとめてみましょう。

第7章　子ども家庭福祉の施設

記　事

吉備中央町社協　フードバンク活動

余剰のパン 子どもらに

生活困窮者の支援やフードロスの削減を目指し、吉備中央町社会福祉協議会は、フードバンク活動に取り組んでいる。月3回程度、地域のボランティアらが県内の工場から余剰の菓子パンを無償で譲り受け、児童養護施設・みのり園（豊野）や必要な世帯に届ける。活動をさらに充実させるため、ボランティアの募集も行っている。（森田奈々子）

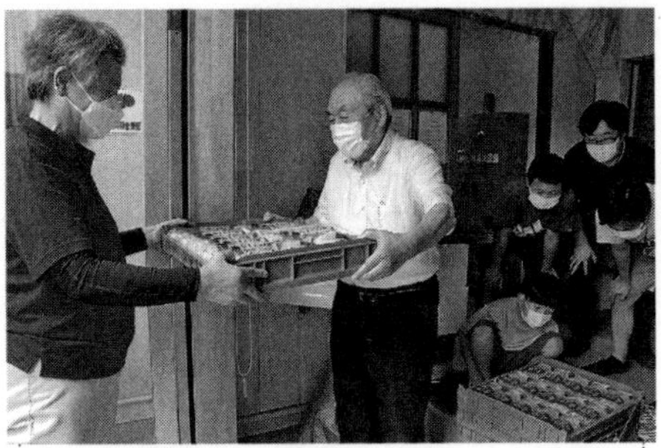

みのり園を訪れ、小出園長（中央）にパンを手渡す高藤さん＝８月25日

パン工場では、出荷量が不足する事態を避けるため、〝予備〟を含めて多めに製造しているといい、余剰が発生する。社協は工場の協力を得てそれらのパンを譲ってもらい、２月に活動を始めた。

配布先としては、町内唯一の児童養護施設で、食べ盛りの子どもたちが多く生活している同園を選んだ。加えて、社協に相談を寄せていた困窮世帯にも配ることにした。

現在は町民2人がボランティアとして活動中。２人の都合が合わない時は、社協職員が運んでいる。

県内工場から無償譲渡　養護施設、困窮世帯へ配布

8月下旬は、ボランティアの1人、高藤典子さん(72)＝田土＝が工場で約80個を受け取り、みのり園へ。クリームパンや焼きそばパンをはじめ、ロールケーキなどもあり、受け取った子どもたちは笑顔を見せた。

「少しでも役に立てたらと思い、活動を始めた。今後もできる限り続けていきたい」と高藤さん。小出叡園長は「種類が豊富なこともあり、みんなパンが届くのを毎回楽しみにしている。ありがたい」と感謝した。

社協は今後、広報誌などで活動をアピールし、ボランティアを増やして体制強化を図りたい考え。杉山芳子事務局長は「感謝の言葉をもらうと『誰かのためになっている』とやりがいを感じられる。関心のある人はぜひ協力してほしい」と呼びかけている。

ボランティアは普通自動車運転免許のある人が対象。年齢や居住地は問わない。問い合わせは社協（０８６６㊹１８１８）。

出典：2022年9月22日山陽新聞朝刊

1．調べてみましょう。

（1） 生活困窮者や生活困窮に陥る要因について調べましょう。

（2） 市町村の社会福祉協議会の役割について調べましょう。

（3） 児童養護施設について調べましょう。

（4） フードバンク活動について調べましょう。

2. この記事を読んだ感想をまとめてみましょう。

3. 解　説

（1） 生活困窮者や生活困窮に陥る要因

「生活困窮者自立支援法」は第３条第１項で生活困窮者とは、「就労の状況、心身の状況、地域社会との関係性その他の事情により、現に経済的に困窮し、最低限度の生活を維持することができなくなるおそれのある者をいう」と定義しています。

生活困窮に陥る要因は様々ですが、例えば心身の病や怪我、社会的な事情あるいは職場の事情等で仕事ができなくなると収入がなくなります。また、収入がなくなるばかりではなく医療費などの出費が増えることさえあります。すなわち経済的に困窮し、生活が苦しくなるという負のスパイラルに陥るなどの背景が多く見られます。

（2） 社会福祉協議会

「社会福祉法」第109条第１項で、市町村社会福祉協議会は、「１又は同一都道府県内の２以上の市町村の区域内において」次の１号から４号に掲げる事業を行うことにより「地域福祉の推進を図ることを目的とする団体であつて、その区域内における社会福祉を目的とする事業を経営する者及び社会福祉に関する活動を行う者が参加」する等の要件を満たしたものとされています。すなわちその事業とは、「社会福祉を目的とする事業の企画及び実施」（1号）、「社会福祉に関する活動への住民の参加のための援助」（2号）、「社会福祉を目的とする事業に関する調査、普及、宣伝、連絡、調整及び助成」（3号）、１号～３号の事業以外に「社会福祉を目的とする事業の健全な発達を図るために必要な事業」（4号）です。このほかにも「社会福祉法」には、都道府県社会福祉協議会などについても規定があります。

（3） 児童養護施設

「児童福祉法」第41条で、児童養護施設は、「保護者のない児童（略）、虐待されている児童その他環境上養護を要する児童を入所させて、これを養護し、あわせて退所した者に対する相談その他の自立のための援助を行うことを目的とする施設」と定義されています。入所措置は児童相談所長の判断に基づき、都道府県知事が決定をしています。なお、非行少年が、家庭裁判所の審判により「少年法」による保護処分として、児童自立支援施設ではなく児童養護施設に送致されることもあります。

（4） フードバンク活動

フードバンク活動とは、様々な事情で市場に流通することが難しくなった食品等を生活困窮者や福祉施設等に支給する活動です。これにより食品等のロス削減と有効活用、生活困窮者の生活支援の両方が可能となります。この流通のプロセスとしては、会社や店舗、農家等から不良在庫や余剰食品が提供され、それを必要とする生活困窮者や福祉施設等に効果的に行き渡るような活動目標と計画を立てて供給する活動があります。

（伊藤　秀樹）

記事　「子ども家庭福祉」関係の記事をスクラップし、貼ってみましょう。

1．その記事の中で「子ども家庭福祉」に関係した制度、法律、サービス、施設、機関等の語句を３つ選び自分で調べてみましょう。

（1）

（2）

（3）

2. この記事を読んだ感想をまとめてみましょう。

第8章　ひとり親家庭と児童

記　事

こども家庭庁 本格始動

放課後の受け皿急務

こども家庭庁が本格始動した。出生数減少や貧困といった課題への対応を一元的に担い、縦割りを排して子ども目線に立つ政策展開を目指す。子育て支援団体などは「実際に困難を解決できるかどうかが重要」と冷静に注視。放課後の受け皿確保、ヤングケアラー問題への取り組みも急務だ。専門家らが連携し、家庭や学校以外で児童が安心できる居場所づくりを探る動きが出ている。（１面関連）

「友達をつくったりけんかしたり、人として大切なことを学ぶ場は学校以外に必要」。A　は語る。東京都足立区で同団体が運営する放課後児童クラブ（学童保育）B　は近隣３小学校の約50人が在籍する。カードゲームで遊んだり宿題をしたり…。

学童は共働きやひとり親家庭の小学生らを預かる。定員不足で、待機児童は２０２２年５月１日時点で１万５１８０人（厚生労働省調べ）。授業後に校内で預かる公立学童もあるが「単に定員を増やすという発想でなく、子の個性に合う大小多様な形態が必要」（支援者）との声は根強い。

有識者や施設関係者が３月に「日本放課後学会」（代表理事・中山芳一岡山大准教授）を結成した。学童、無料や低価格で利用できる施設「子ども食堂」、部活の在り方まで横断的に検証し、理想的な放課後の過ごし方を追求する。各地の成功例共有などから着手。ある会員は「従来は文部科学省が教育、厚労省は福祉と縦割り。同庁はお仕着せでなく、子が安らぐ受け皿づくりを目指してほしい」としている。

内閣府の子どもの生活状況調査（21年）では、低収入世帯の４割近く、ひとり親世帯の約３割で食料を買えない経験があった。収入水準が学習にも影響を与えるとされ、与党幹部の一人は「貧困解決は最優先」と話す。

公益社団法人「チャンス・フォー・チルドレン」の22年調査によると、１年間に習い事や旅行などの経験がなかった小学生は、世帯年収３００万円未満の家庭で約３割。同６００万円以上の２倍を超す。今井悠介代表理事は「自分の興味があり、得意なことを知る機会を金銭的理由で持てていない」と懸念した。

ヤングケアラー援助も

大人に代わり日常的に家事や家族の世話をするヤングケアラー。国の調査で、小６の約15人に１人が「世話をしている家族がいる」と答えた。進学や就職の断念を招かないための援助が課題だ。

子ども食堂は資金が厳しい場合が多いとされる。認定ＮＰＯ法人「全国こども食堂支援センター・むすびえ」の西川貴清・公共政策担当は「虫歯の多い子がいるなど課題に気付くことも」と交流拠点の役割を強調する。

第一生命経済研究所の星野卓也主任エコノミストは「低所得世帯が子どもを持たない選択をする傾向がある」と、生活のセーフティーネット整備の必要性を指摘した。

出典：2023年4月4日山陽新聞朝刊（共同通信配信）

1. 調べてみましょう。

(1) ひとり親家庭に対する自立支援策を調べてみましょう。

(2) ひとり親家庭に対する福祉の措置を調べてみましょう。

(3) 児童扶養手当について調べてみましょう。

2. この記事を読んだ感想をまとめてみましょう。

3. 解　説

（1）ひとり親家庭に対する自立支援策

ひとり親家庭の自立支援は、「子育て・生活支援策」「就業支援策」「養育費確保支援策」「経済的支援策」の4つの柱に基づいて施策の推進がなされています（図8-1を参照）。「母子及び父子並びに寡婦福祉法」に基づいて、国が基本方針を定め、都道府県等が基本方針に即して地域のひとり親家庭の動向・基本的な施策の方針・具体的な措置関連の事項を定める自立促進計画を策定します。

○ひとり親家庭等に対する支援として、「子育て・生活支援策」、「就業支援策」、「養育費確保策」、「経済的支援策」の4本柱により施策を推進。

子育て・生活支援	就業支援	養育費確保支援	経済的支援
○母子・父子自立支援員による相談支援 ○ヘルパー派遣、保育所等の優先入所 ○こどもの生活・学習支援事業等による子どもへの支援 ○母子生活支援施設の機能拡充　など	○母子・父子自立支援プログラムの策定やハローワーク等との連携による就業支援の推進 ○母子家庭等就業・自立支援センター事業の推進 ○能力開発等のための給付金の支給　など	○養育費等相談支援センター事業の推進 ○母子家庭等就業・自立支援センター等における養育費相談の推進 ○「養育費の手引き」やリーフレットの配布　など	○児童扶養手当の支給 ○母子父子寡婦福祉資金の貸付 就職のための技能習得や児童の修学など12種類の福祉資金を貸付　など

○　「母子及び父子並びに寡婦福祉法」に基づき、
　①　国が基本方針を定め、
　②　都道府県等は、基本方針に即し、区域におけるひとり親家庭等の動向、基本的な施策の方針、具体的な措置に関する事項を定める自立促進計画を策定。

【ひとり親支援施策の変遷】
○　平成14年より「就業・自立に向けた総合的な支援」へと施策を強化し、「子育て・生活支援策」、「就業支援策」、「養育費確保策」、「経済的支援策」の4本柱により施策を推進中。
○　平成24年に「母子家庭の母及び父子家庭の父の就業の支援に関する特別措置法」が成立
○　平成26年の法改正（※）により、支援体制の充実、就業支援施策及び子育て・生活支援施策の強化、施策の周知の強化、父子家庭への支援の拡大、児童扶養手当と公的年金等との併給制限の見直しを実施。（※母子及び父子並びに寡婦福祉法、児童扶養手当法）
○　平成28年の児童扶養手当法の改正により、第2子、第3子以降加算額の最大倍増を実施。
○　平成30年の児童扶養手当法の改正により、支払回数を年3回から年6回への見直しを実施。
○　令和2年の児童扶養手当法の改正により、児童扶養手当と障害年金の併給調整の見直しを実施。

図8-1　ひとり親家庭等の自立支援策の体系
出所：こども家庭庁支援局家庭福祉課（2023）「ひとり親家庭等の支援について」
https://www.cfa.go.jp/assets/contents/node/basic_page/field_ref_resources/0a870592-1814-4b21-bf56-16f06080c594/03005900/20230401_policies_hitori-oya_14.pdf、p.11
（最終閲覧日：2023年7月4日）

（2）ひとり親家庭に対する福祉の措置

ひとり親家庭とは、配偶者のない女子・男子が20歳に満たない児童の扶養をしている家庭のことです（「母子及び父子並びに寡婦福祉法」（以下、法と称す）第6条を参照）。法で示すひとり親家庭への福祉の措置は、①福祉資金の貸付、②日常生活支援、③公営住宅の供給や特定教育・保育施設の利用に関する特別の配慮、④就業支援、⑤自立支援給付金、⑥生活向上に関するものがあります。

①　福祉資金の貸付は、都道府県が配偶者のない女子・男子の経済的自立の助成と生活意欲の助長、その扶養児童の福祉増進のため、事業資金、修学資金、事業開始や知識技能習得のための資金他貸付制度です（母子は法第13条、父子は法第31条の6を参照）。

②　日常生活支援は、都道府県・市町村がひとり親家庭の者の日常生活に支援が必要と認めるとき、居宅等で乳幼児の保育、食事の世話、生活・生業関連の専門的助言指導等を行うこと

です（母子は法第17条、父子は法第31条の7を参照）。

③　公営住宅の供給に関する特別の配慮は、地方公共団体が「公営住宅法」における公営住宅提供を行う場合にひとり親家庭の福祉が増進されるように特別の配慮をしなければならないことです（母子は法第27条、父子は法第31条の8を参照）。特定教育・保育施設や特定地域型保育事業利用に関する特別の配慮は、「子ども・子育て支援法」に基づくものであり、相談・助言・あっせん・要請、また、放課後児童健全育成事業を行う場合にひとり親家庭の福祉増進に向けて特別の配慮をすることです（母子は法第28条、父子は法第31条の8を参照）。

④　就業支援は、ひとり親家庭の母親に関するものとひとり親家庭の母親・父親に関するものがあります。まず、ひとり親家庭の母親に関するものについてです。国や地方公共団体の設置事務所や公共的施設の管理者は、ひとり親家庭の母親やひとり親家庭関連の福祉団体より売店等の設置許可申請があった時に公共的施設内で、新聞・雑誌・たばこ・事務用品・食料品等の売店での物品販売、理容業美容業等の業務を行うための理容所・美容所等の設置許可に努めることです（法第25条・第26条を参照）。そして、国・地方公共団体は、就職希望のひとり親家庭の母・児童の雇用促進のため、事業主等の理解を高めるとともに職業訓練の実施、就職のあっせん、公共的施設への雇入れ促進等の措置を講ずるように努めることです（法第29条第1項を参照）。

次に、ひとり親家庭の母親・父親に関するものについてです。公共職業安定所は、ひとり親家庭の母・父の雇用促進のため、情報の収集と提供及び事業主に対する援助に努めることです（母子は法第29条第2項、父子は法第31条の8を参照）。都道府県が就職希望のひとり親家庭の母・父及び児童の雇用促進のため、ひとり親家庭の福祉団体と連携して就職に関する相談に応じるとともに、職業能力の向上措置を講じる、ひとり親家庭の母・父及び児童、また、事業主に対し、雇用情報や就職支援に関する情報提供等を行うことです（母子は法第30条、父子は法第31条の9を参照）。

⑤　自立支援給付金は、都道府県が雇用の安定と就職促進を目的としてひとり親家庭の母子・父子に対して給付するものです（母子は法第31条、父子は法第31条の10を参照）。

⑥　生活向上は、家庭生活向上に向けて、母子・父子福祉団体と連携し、支援関連の情報提供、生活相談、学習支援、ひとり親家庭同士の交流の機会提供等を行うことです（母子は法第31条の5、父子は法第31条の11を参照）。

（3）児童扶養手当

児童扶養手当は、「父又は母と生計を同じくしていない児童が育成される家庭の生活の安定と自立の促進に寄与するため、当該児童について児童扶養手当を支給し、もつて児童の福祉の増進を図ることを目的（「児童扶養手当法」第1条）」として児童の養育に対して支給されるものです。よって、その支給は、ひとり親家庭の児童を対象に、家庭生活の安定と自立のために、経済的安定・福祉増進を図ることになります。同法第2条において「児童の心身の健やかな成長に寄与することを趣旨として支給されるものであつて、その支給を受けた者は、これをその趣旨に従つて用いなければならない」「支給を受けた父又は母は、自ら進んでその自立を図り、家庭の生活の安定と向上に努めなければならない」「支給は、婚姻を解消した父母等が児童に対して履行すべき扶養義務の程度又は内容を変更するものではない」としています。

児童扶養手当を支給するのは、「父母が婚姻を解消した児童」「父または母が死亡した児童」「父または母が政令で定める程度の障害の状態にある児童」「父または母の生死が明らかでない児童」「父または母が引き続き1年以上遺棄している児童」「父または母が裁判所からのDV保護命令を受けた児童」「父または母が引き続き1年以上拘禁されている児童」「婚姻によらないで生まれた児童」「棄児等で父母がいるかいないかが明らかでない児童」にあてはまる場合です（「児童扶養手当法」第4条及び「児童扶養手当法施行令」第1条の2・第2条等を参照）。都道府県知事、市長と福祉事務所を管轄する町村長が上記条件にあてはまる児童を監護している父、母、それに代わる養育者ととらえた場合は支給対象とします。なお、「児童扶養手当法」第9条以下においては、所得による支給制限が定められています。この規定によって請求者及び請求者と生計を同じくする扶養義務者等の前年の所得が限度額以上のときは、支給の一部または全部の停止がなされます。

参考文献

こども家庭庁支援局家庭福祉課（2023）「ひとり親家庭等の支援について」
https://www.cfa.go.jp/assets/contents/node/basic_page/field_ref_resources/0a870592-1814-4b21-bf56-16f06080c594/03005900/20230401_policies_hitori-oya_14.pdf、p.11（最終閲覧日　2023年7月4日）
保育福祉小六法編集委員会編（2023）『保育福祉小六法　2023年版』みらい
中典子「第11章　母子父子寡婦保健福祉」松井圭三・今井慶宗編著（2023）『NIE社会福祉演習』大学教育出版、pp.109-118

（中　典子）

記事　「子ども家庭福祉」関係の記事をスクラップし、貼ってみましょう。

1．その記事の中で「子ども家庭福祉」に関係した制度、法律、サービス、施設、機関等の語句を3つ選び自分で調べてみましょう。

（1）

（2）

（3）

2. この記事を読んだ感想をまとめてみましょう。

第9章 子育て支援

記 事

子ども教室と一体化

厚労省 学童保育充実へ検証

共働き世帯の小学生を預かる放課後児童クラブ（学童保育）の充実を目指し、厚生労働省は学童保育と「放課後子ども教室」との一体化を進めている。一体運用の拡大に向けたモデル事業を始め、対策を強化。子どもの学びや遊びの機会を増やすことを狙う。

女性の就業率上昇を背景に学童保育の重要性が高まる。就学後に子どもの預け先に困って親が離職を迫られる「小1の壁」は社会問題となってきた。国は2023年度末までに計約30万人分の保育受け入れを目指す「新・放課後子ども総合プラン」を18年9月に策定。待機児童解消を進めるとともに学童保育を充実させようとしている。

放課後子ども教室は、学習支援や交流活動を提供する場。親の就労状況と関係なく全ての子が対象になる。全国に1万6511カ所（2022年1月時点）開かれ、ボランティアらが支える。厚労省は教室を学校内で実施し、学童保育に通う子も参加できるようにする仕組みを目指している。

だが学童保育と一体型で運営している施設は5869カ所（22年5月時点）にとどまる。政府目標は1万カ所であるものの、遠く及ばない。人材や設備が不足していることが主な要因で、国からの支援が不十分だとの指摘もある。

一体型のモデル事業は22年12月に始まった。市町村で関係者が協議の場を設け、効果的な方法を検証。国が費用を補助する。厚労省はうまくいった事例を収集し、共有していく方針だ。

クリック

放課後児童クラブ 共働きやひとり親家庭の小学生を預かり、放課後の生活や遊びの場を提供する施設。学童保育と呼ばれる。利用児童が増える傾向にある。厚生労働省によると、希望したのに定員超過などで利用できない児童は2022年5月1日時点で1万5180人に上る。23年4月から、新たに発足する「こども家庭庁」が利用児童枠の拡充に取り組む。

出典：2023年1月3日中国新聞朝刊（共同通信配信）

1．調べてみましょう。

（1）「小１の壁」について調べてみましょう。

（2）「児童福祉法」第６条の３第２項に規定される放課後児童健全育成事業（放課後児童クラブ）について調べてみましょう。

（3）「放課後児童健全育成事業の設備及び運営に関する基準」第５条第１項に記載されている放課後児童健全育成事業（放課後児童クラブ）の目的について調べてみましょう。

（4） 放課後子ども教室推進事業（放課後子ども教室）について調べてみましょう。

（5）「新・放課後子ども総合プラン」における「一体型」について調べてみましょう。

2. この記事を読んだ感想をまとめてみましょう。

3. 解　説

（1）「小１の壁」について

「小1の壁」とは、子どもが小学校に通い始めた途端に保育園に預けていたころと比べて、仕事と家事・育児との両立が難しくなることをいいます。保育園では延長保育を設けている施設が多く、少し遅い時間のお迎えも可能なケースがあります。一方、小学校入学後は、授業が終わった放課後からお迎え時間まで「放課後児童クラブ」に預けられますが、公的な「放課後児童クラブ」は「18時ごろ閉所」「延長保育なし」が一般的です。また、児童の登校時間も保育園時代より遅くなる場合も少なくありません。夏休み等の長期休暇もあります。小学校は保育園のときよりも預かってもらえる時間が短く、長期休暇があることなどが原因です。

（2）「児童福祉法」第６条の３第２項における放課後児童健全育成事業（放課後児童クラブ）について

放課後児童健全育成事業の管轄は、2023（令和5）年度からはこども家庭庁（それまでは厚生労働省）であり、この事業は「児童福祉法」第6条の3第2項に規定されています。厚生労働省が管轄していた当時のホームページによれば「保護者が労働等により昼間家庭にいない小学校に就学している児童に対し、授業の終了後等に小学校の余裕教室、学校敷地内専用施設や児童館などを利用して適切な遊び及び生活の場を与えて、その健全な育成を図る」事業です。事業内容は、「放課後児童の健康管理」「安全確保、情緒の安定」「遊びの活動への意欲と態度の形成」「遊びを通しての自主性、社会性、創造性を培うこと」「放課後児童の遊びの活動状況の把握と家庭への連絡」「家庭や地域での遊びの環境づくりへの支援」「その他放課後児童の健全育成上必要な活動」とされています。

「放課後児童クラブ」は「放課後児童健全育成事業」の通称で「学童保育」「学童クラブ」とも呼ばれていますが、ひと言でいうと子どもたちにとって家庭に代わる「放課後の居場所」や「生活の場」です。2023（令和5）年5月1日現在の設置状況は、厚生労働省の調査結果では登録児童数145万7,384人、支援の単位数3万7,034単位、クラブ数2万5,807か所です。また運営主体別数は、公営6,707か所、民営1万9,100か所となっています。

（3）「放課後児童健全育成事業の設備及び運営に関する基準」第５条第１項における放課後児童健全育成事業（放課後児童クラブ）の目的について

「放課後児童健全育成事業の設備及び運営に関する基準」（平成26年厚生労働省令第63号）は2014（平成26）年4月に制定・公布されました。第5条第1項では「放課後児童健全育成事業」の目的として「放課後児童健全育成事業における支援は、小学校に就学している児童であって、その保護者が労働等により昼間家庭にいないものにつき、家庭、地域等との連携の下、発達段階に応じた主体的な遊びや生活が可能となるよう、当該児童の自主性、社会性及び創造性の向上、基本的な生活習慣の確立等を図り、もって当該児童の健全な育成を図ることを目的として行われなければならない」としています。

（4）放課後子ども教室推進事業（放課後子ども教室）について

放課後子ども教室の管轄は文部科学省で、親の就労状況と関係なく全ての児童が対象です。自治体により中学生まで参加している場合もあります。平日の放課後や土曜日、夏休み等に、子どもたちの居場所として子どもたちに学習、スポーツ・文化活動、地域住民との交流の機会など多様な学習・体験プログラムを提供することにより、子どもたちが地域社会の中で、心豊かに健やかに育まれる環境づくりを目的にしています。なお、文部科学省は「放課後子供教室」という表現も用いています。

放課後子ども教室におけるプログラムの例としては、以下のものが挙げられます。学習支援（予習・復習、補充学習・ICT を活用した学習活動など）、体験プログラム（実験・工作教室、英会話、文化・芸術教室、地域探検、農業体験など）、スポーツ活動（野球、サッカー、バドミントン、卓球、一輪車）など。

放課後子ども教室は基本的に小学校の余裕教室、体育館や中学校の施設を利用して開催されています。他にも公民館や児童館、特別支援学校などの施設を利用していることもあります。開催日や開催時間などは自治体によっても違います。また、利用料金も実費以外は原則利用者負担はありません（ただし保険料等を徴収している自治体もあります）。放課後子ども教室では、協働活動支援員、協働活動サポーターなどの地域住民のボランティアが子どもたちとの交流を図ります。地域学校協働活動の一環として、協働活動支援員等への謝金や消耗品費等を補助しています。

（5）「新・放課後子ども総合プラン」における「一体型」について

「新・放課後子ども総合プラン」とは、共働き家庭などの「小１の壁」「待機児童の解消」対策をし、すべての児童が放課後や土曜日、長期休暇などを安心・安全に過ごし、かつ多様な体験・活動を行うことで次代を担う人材育成につなげるべくこども家庭庁（このプランが策定された当時は厚生労働省）所管の「放課後児童クラブ」と文部科学省所管の「放課後子ども教室」を一体化、または連携して実施する総合的な放課後対策事業のことです。

一体型とは「同一の小学校等において両事業が実施されており、放課後児童クラブの児童も放課後子供教室のプログラムに参加可能とされているもの」のことです。

2019（令和元）年～2023（令和5）年の目標として、以下４点を掲げています。「放課後児童クラブ」は量的拡充を図り、「2021（令和3）年度末までに約25万人分を整備し待機児童解消を目指し、その後も女性就業率の上昇を踏まえ2023（令和5）年度末までに計約30万人分の受け皿を整備（約122万人⇒約152万人）」する。また全ての小学校区で、「放課後児童クラブ」「放課後子ども教室」の両事業を一体的にまたは連携して実施し、両事業を新たに整備等する場合には、学校施設を徹底的に活用することにしています。新たに開設する放課後児童クラブの約80％を小学校内で実施し、小学校内での一体型として１万か所以上で実施することを目指しています。さらに「子どもの主体性を尊重し、子どもの健全な育成を図る放課後児童クラブの役割を徹底し、子どもの自主性、社会性等のより一層の向上を図る」としています。

引用文献

- 森元眞紀子監修著・小野順子編著・田中修敬・山本房子・笠原明衣・福澤惇也・齊藤佳子著「第10章　幼稚園教育の現代的課題」『必携幼稚園教育実習：段階を追ってポイントが分かる』ふくろう出版、2023年
- こども家庭庁 HP『令和５年 放課後児童健全育成事業（放課後児童クラブ）の実施状況（令和５年５月１日現在）』https://www.cfa.go.jp/assets/contents/node/basic_page/field_ref_resources/69799c33-85cb-44f6-8c70-08ed3a292ab5/dcb39315/20230401_policies_kosodateshien_houkago-jidou_30.pdf（最終閲覧日　2024年２月８日）
- 「放課後子供教室の概要 ― 学校と地域でつくる学びの未来」https://manabi-mirai.mext.go.jp/torikumi/houkago_kodomo.pdf（最終閲覧日　2023年９月４日）

・厚生労働省 HP「新・放課後子ども総合プラン（概要 .pdf）放課後児童クラブ関連資料」『「新・放課後子ども総合プラン」の策定について』https://www.mhlw.go.jp/content/shinnplan.pdf（最終閲覧日　2023 年 9 月 4 日）
・文部科学省 HP「新・放課後子ども総合プラン」『新・放課後子ども総合プラン』 https://manabi-mirai.mext.go.jp/torikumi/shin_houkago_plan.pdf（最終閲覧日　2023 年 9 月 4 日）
・文部科学省 HP「『新・放課後子ども総合プラン』の一層の推進について」『新・放課後子ども総合プラン』 https://manabi-mirai.mext.go.jp/torikumi/hourei-plan/plan/jimurennhoukagokodomopuran.pdf（最終閲覧日 2023 年 9 月 4 日）
・文部科学省 HP「3. 各事業の評価（c）放課後子ども教室推進事業」『重要対象分野に関する評価書 ― 少子化社会対策に関連する子育て支援サービス ―』 https://www.mext.go.jp/a_menu/hyouka/kekka/08100102/011.htm（最終閲覧日　2023 年 9 月 4 日）

（齊藤　佳子）

記事　「子ども家庭福祉」関係の記事をスクラップし、貼ってみましょう。

1．その記事の中で「子ども家庭福祉」に関係した制度、法律、サービス、施設、機関等の語句を３つ選び自分で調べてみましょう。

（1）

（2）

（3）

2. この記事を読んだ感想をまとめてみましょう。

第10章　児童虐待

記　事

供述に相違　捜査長期化も

6歳遺体発見1週間

6人同居〝密室〟暴行の解明焦点

A市B区の草むらでCちゃん(6)=同区=の遺体が見つかった事件は29日で発覚から1週間となった。祖母(57)への監禁や傷害の疑いで母親(34)らきょうだい4人がD県警に逮捕され、Cちゃんも虐待を受けていたとみられる。祖母への暴行は叔父(32)が主導した疑いがあるが、各容疑者の供述に食い違いもみられ、3世代6人が同居する〝密室〟で起きた事件の全容解明は長期化する見通しだ。

「ただごとではない」。20日深夜、A市E区の団地で、車いすに乗り顔にあざがある祖母を近所の男性が保護し110番。祖母は警察官に家族から暴行を受けたと話し、県警は22日、Cちゃんの母F、叔父Gと叔母2人=いずれも(30)=の4容疑者を逮捕。B区の草むらでスーツケースに入ったCちゃんの遺体が見つかった。

祖母と子ども時代の4容疑者は20年以上前、このE区の団地近くに住んでいたとみられる。「おっとりして、きょうだい思いだった」。F容疑者と中学の同級生だった女性(35)は印象を語る。F容疑者はやせて食事を満足に取っていない様子で、体にあざもあり、家庭で虐待されている形跡があったという。

一方、G容疑者の少年時代を知る男性(61)は「粗暴で周りの人が近づかなかった」と話す。男性の娘が小学生の時、同級生だったG容疑者に階段で足を引っかけられ転倒。娘は持っていた牛乳瓶が割れてガラスが手に刺さり、今も障害が残る。G容疑者は「面白いからやった」と反省を見せず、家族から謝罪もなかったという。

4容疑者らが現在住むB区の自宅はメゾネットタイプの3LDK。約10年前から祖母と叔母2人が住み、F容疑者とCちゃんが2017年ごろ、G容疑者が昨年末に移り住んだとみられる。近所の住人によると、G容疑者が来て以降、自宅で朝から怒鳴り声が聞こえ、Cちゃんがベランダで「助けて。家に入れない」と泣き叫ぶなど異変が見られるようになった。

捜査関係者によると、4容疑者は3月~6月20日に自宅の押し入れに祖母を監禁し、19日に顔や背中を鉄パイプのようなもので殴った疑いで逮捕され、一部は「祖母への暴行はG容疑者の指示だった」と供述。Cちゃんも19日に外傷性ショックで死亡したとみられ、背中に多数の打撲痕があった。4月にも保育園で肩や尻にあざが見つかっており、継続的に虐待されていた疑いがある。自宅の家宅捜索で、県警が棒状のものを複数点押収したことも判明した。

今後の捜査はCちゃんの死体遺棄容疑、そして死亡を巡り殺人や傷害致死などの疑いで立件できるかどうかが焦点になる。ただ刃物で刺されたり首を絞められたりした形跡はないため、ある検察関係者は「殺意の立証は難しい」とみる。また自宅内で起きた事件の状況は各容疑者らの供述の積み重ねが解明の鍵となるが、うち複数には軽度の知的障害があるという。供述に食い違いがあれば信用性の問題も生じ、暴行の実行者の特定にも相当の時間がかかるとみられる。

A市はCちゃんの一時保護を見送っており、経緯を検証するため有識者らによる第三者委員会を設置する方針。

出典：2023年6月29日山陽新聞朝刊（共同通信配信）

1. 調べてみましょう。

（1） 児童虐待の現状について調べてみましょう。

（2）「児童虐待防止法」について調べてみましょう。

（3） 児童相談所について調べてみましょう。

（4） 乳児院・児童養護施設について調べてみましょう。

（5） 里親について調べてみましょう。

2. この記事を読んだ感想をまとめてみましょう。

3. 解　説

（1） 児童虐待の現状について

児童相談所における児童虐待に関する相談件数は、厚生労働省の「令和３年度福祉行政報告例」によると20万7,660件であり、年々増加傾向です。また、「令和３年度福祉行政報告例」によると児童虐待の相談種別の割合は、2021（令和3）年度、心理的虐待60.1%、身体的虐待23.7%、ネグレクト15.1%、性的虐待1.1%となっています。しかし、性的虐待は潜在化しており、実際にはまだ多いものと同省は推測しています。

加えて、児童虐待における主たる虐待者の割合は、「令和３年度福祉行政報告例」によれば実父41.5%、実父以外の父親5.4%、実母47.5%、実母以外の母親0.5%、その他5.2%となっており、実母、実父が大半を占めています。さらに、被虐待児の年齢階層別の割合をみると０～２歳18.7%、３～６歳25.3%、７～12歳34.2%、13～15歳14.5%、16～18歳7.3%となっており、７～12歳の虐待が一番多く、虐待は乳幼児だけではなく中高生にも珍しくないことがデータから読み取れます。

（2） 「児童虐待の防止等に関する法律」（児童虐待防止法）について

「児童虐待防止法」は2000（平成12）年に制定され、「児童に対する虐待の禁止、児童虐待の予防及び早期発見その他の児童虐待の防止に関する国及び地方公共団体の責務、児童虐待を受けた児童の保護及び自立の支援のための措置等を定めることにより、児童虐待の防止等に関する施策を促進し、もって児童の権利利益の擁護に資すること」を目的としています。また、児童虐待を「身体的虐待」「性的虐待」「ネグレクト」「心理的虐待」と規定し、「何人も、児童に対し、虐待をしてはならない」と謳っています。加えて、保護者等の体罰の禁止も規定し、児童虐待を受けたと思われる児童を発見した者に対しては、市町村、都道府県の設置する福祉事務所もしくは児童相談所に通告する義務を課しています。もし、その後の調査で虐待がなかったとしても通告者の責任は原則的には問われません（ただし、故意あるいは重大な過失に基づいて通告を行った場合はこの限りではありません）。

虐待があった場合、児童相談所は立ち入り調査を行い、虐待を受けていた子どもを一時保護することもあります。立ち入り調査は児童相談所に付与された強い権限であり、緊急の場合は保護者等の承諾がなくても一時保護することが可能です。なお、一時保護する場合、警察等の援助要請をすることもあります。一時保護の後、児童相談所は保護者等の面会の制限等も可能です。児童虐待を行った保護者に対する指導も児童相談所の業務になります。一時保護の延長や措置入所などについて、最終的に児童相談所と保護者等の意見が異なった場合や保護者等の親権の停止や喪失を必要とする場合は、家庭裁判所が判断することになります。

この法律は児童虐待を早期発見し、児童の健康や命を守ることを優先としていることが理解できるのではないでしょうか。

（3） 児童相談所について

児童相談所は「児童福祉法」で規定され、都道府県・政令指定都市は必置、特別区（現在は東京23区）・中核市は任意設置となっています。業務は広域見地から実情の把握に努め、児童に関する家庭相談等に応じ、専門的な知識及び技術を用い支援を行います。また、児童及びその家庭につき、必要な調査や医学的、心理学的、教育学的、社会学的及び精神保健上の判定を行います。加えて、児童の一時保護を行い、里親や特別養子縁組の業務も行っています。なお、児童相談所の職員として所長や所員である児童福祉司、児童心理司、医師、保健師等も配属されています。

（4） 乳児院・児童養護施設について

乳児院は、「児童福祉法」で「乳児院は、乳児（保健上、安定した生活環境の確保その他の理由により特に必要のある場合には、幼児を含む。）を入院させて、これを養育し、あわせて退院した者について相談その他の援助を行うことを目的とする施設とする」と規定されています。職員として、小児科の診療に相当の経験を有する医師または嘱託医、看護師・保育士・児童指導員、個別対応職員、家庭支援専門相談員、栄養士、調理員等が配属されています。2020（令和2）年度末において2,481人が在院しています。

児童養護施設も同法で「保護者のない児童（乳児を除く。ただし、安定した生活環境の確保その他の理由により特に必要のある場合には、乳児を含む。(略))、虐待されている児童その他環境上養護を要する児童を入所させて、これを養護し、あわせて退所した者に対する相談その他の自立のための援助を行うことを目的とする施設とする」と規定されています。職員として嘱託医、児童指導員、保育士、個別対応職員、家庭支援専門相談員、栄養士、調理員、場合によっては看護師が配属されています。2020（令和2）年度末において2万3,634人が在所しています。

（5） 里親について

「児童福祉法」で養育里親、養子縁組里親、親族里親が規定されています。専門里親は「児童福祉法施行規則」に定められています。なお、短期里親もありますが、これは①養育里親として短い期間養育をするもの、②週末や夏休みなどに児童養護施設で生活している児童を預かるものの2つがあります。一般的には実の親等が何らかの事情で子どもの養育ができない場合、社会的養護として実の親等に代わって、育ての親として養育するものです。親権は里親にはありません。窓口は児童相談所であり、里親としての資質や家庭状況、経済状況等を鑑み、一定の水準を満たした者が里親になることができます。里親になれば、里親手当や一般生活費などが都道府県等から支給されます（ただし、親族里親と養子縁組里親には里親手当は支給されません）。専門里親は被虐待児・非行児童・障害児などに特化した里親であり、養育里親の経験年数や研修等の受講が必要となります。また、里親は一種の公的なボランティアですが、里親を大きくしたものでより仕事としての要素が強い小規模住居型児童養育事業（ファミリーホーム）も創設されています。2021（令和3）年3月末、里親登録は1万4,401世帯、ファミリーホームは427か所あります。里親とファミリーホームに委託されている児童数は合計7,707人です。

（松井　圭三）

記事　「子ども家庭福祉」関係の記事をスクラップし、貼ってみましょう。

1．その記事の中で「子ども家庭福祉」に関係した制度、法律、サービス、施設、機関等の語句を３つ選び自分で調べてみましょう。

（1）

（2）

（3）

2. この記事を読んだ感想をまとめてみましょう。

第11章　子どもの健全育成

記　事

詰め込み学童「まるで鳥小屋」

ニュース あなた発

子どもの小学校入学を控えた今、働く親たちを悩ませているのが放課後の預け先だ。多くが利用する放課後児童クラブ（学童保育）では、定員を超えて子どもを受け入れる「詰め込み学童」が横行している。本紙「ニュースあなた発」にも、「子どもたちが劣悪な環境にさらされている」との訴えが寄せられた。待機児童対策の裏で起きている子育ての現実を見つめた。（須藤恵里）

受け皿不足深刻　全国36％定員超

千葉県松戸市での学童保育。雨で校庭が使えなくなると、教室内は、この倍の人数になるという　＝保護者提供、一部画像処理

「雨で校庭が使えなくなると一教室に百二十人が詰め込まれる」「子どもに熱が出ても寝かせられる場所がない」。本紙に情報を寄せた掃《か》部《もん》関《ぜき》和美さん（六四）は、支援員として働く千葉県松戸市の学童保育の実態を打ち明けた。

松戸市では現在、約四千六百人の子どもが学童を利用し、待機児童はゼロ。年々増える希望者を全て受け入れ、多くの施設が飽和状態だ。市子育て支援課の担当者は「学校に協力を仰いだり、民間の空き物件を探したりしているが、対応が追いつかない」とこぼす。

学童保育も、保育園のように国が運営基準を定めている。定員は一クラス「おおむね四十人以下」。ただ、参考扱いで義務ではない。市の担当者は「基準はクリアすべきだが、働く親たちのために受け入れたい。かといって、すぐに施設を増やせるわけでもなく…」とジレンマを抱える。

1教室に120人「すぐに施設増やせず」自治体苦悩

全国学童保育連絡協議会（全国連協）の二〇二二年度調査によると、「四十人」の基準を超えて受け入れた「詰め込み学童」数は全国で約一万二千クラス、全体の36・3％を占める。表向きは待機児童が解消していても、受け皿が足りていない状況では子どもたちが詰め込まれるだけだ。全国連協・事務局次長の佐藤愛子さんは「詰め込みは、けがや事故が増えたり、ささいなことでけんかになったりして子どもへの負担は大きい」と指摘する。

学童施設を見学したことのある川崎市の母親（四三）は「子どもが両手を広げられないほどギュウギュウで、まるで鳥小屋だった」と振り返る。小二の長男を学童に預ける東京都練馬区の母親（五二）は「事故が起きないか不安だが、働くために預けざるを得ない」と語る。

岸田政権が打ち出す「異次元の少子化対策」では、学童を含めた保育サービスの拡充も挙がる。共働きで子どもを学童に預けている大田区の佐々木真平さん（四三）は、「子どもを安心して預けられる場所があってこそ、子どもを産み育てようと思う。子育て環境の整備なしに少子化対策は進まない」と話す。

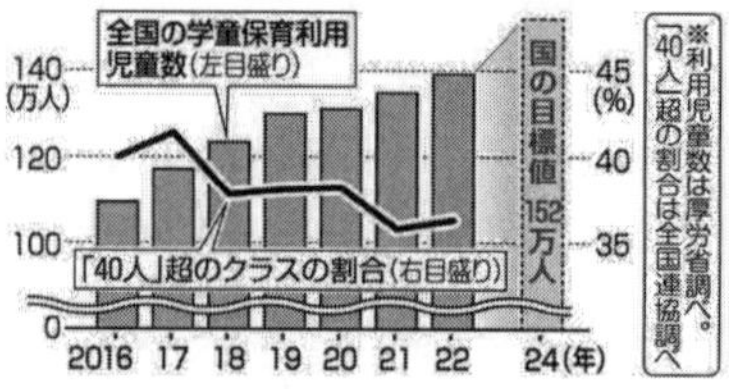

支援員確保も壁

学童保育は、学校の空き教室や児童館などを使い、自治体や保育系企業などが運営し、保護者自らが開いているところもある。

共働き家庭の増加で、学童保育の利用数は右肩上がりで増えている。厚生労働省によると、二〇二二年五月一日時点で、百三十九万二千百五十八人に上る。待機児童は一万五千百八十人で、過去八年間で一度も、一万人を割っていない。

施設不足とともに壁となっているのが、子どもの相手をする支援員集めだ。全国連協の調べでは、週二十時間以上勤務する支援員のうち、六割が年収二百万円未満。人材確保には、保育士と同様、支援員の処遇改善が課題となっている。

厚労省は待機児童を解消するため、一九年度からの五年間で学童の受け皿を三十万人分増やす計画を進めているが、昨年五月時点で達成率は五割ほどという。

全国連協の佐藤愛子事務局次長は「社会の関心は待機児童解消に集まりがちだが、そのために詰め込みになっては本末転倒。支援員の処遇改善も重要だ。適正な人数で子どもたちが安心して通える受け皿を整備してほしい」と訴える。

「ニュースあなた発」は、読者の情報提供をきっかけに記者が動き、社会が少しでも暮らしやすくなることを目指しています。あなたの声は、東京新聞ホームページの専用フォームやＬＩＮＥ、郵送（宛先は１面参照）、電話＝読者部、03（6910）2201＝で受け付けています。　専用フォームはこちらから→

出典：2023年3月4日東京新聞朝刊

1．調べてみましょう。

（1） 放課後児童クラブの支援員になるためには、どのような資格・免許等が必要でしょうか。

（2） 放課後児童クラブの待機児童の実態はどうなっていますか。

（3） 自治体によっては放課後児童クラブの待機児童がいるところもあります。待機児童を解消するためにはどうすればよいでしょうか。

2．この記事を読んだ感想をまとめてみましょう。

3. 解　説

（1）放課後児童クラブの支援員になるための資格・免許等

「放課後児童健全育成事業の設備及び運営に関する基準」第10条第1項では「放課後児童健全育成事業者は、放課後児童健全育成事業所ごとに、放課後児童支援員を置かなければならない」、同条第2項では「放課後児童支援員の数は、支援の単位ごとに2人以上とする。ただし、その1人を除き、補助員（放課後児童支援員が行う支援について放課後児童支援員を補助する者をいう（略））をもってこれに代えることができる」と定められています。さらに同条第3項では「放課後児童支援員は、次の各号のいずれかに該当する者であって、都道府県知事又は地方自治法（略）第252条の19第1項の指定都市若しくは同法第252条の22第1項の中核市の長が行う研修を修了したものでなければならない」とされていて、その第1号から第10号で保育士や社会福祉士の資格を有する者や「教育職員免許法」第4条に規定する免許状を有する者などが掲げられています。

このように、2015（平成27）年度以降、放課後児童クラブには1名以上の「放課後児童支援員」の資格を持つ人を配置することが義務付けられました。これにより、従来は放課後児童クラブ（学童保育施設）で働く人のすべてを例えば「学童保育指導員（学童指導員）」などと呼んでいましたが、2015（平成27）年度以降は、「放課後児童支援員」の資格を持つ人を「放課後児童支援員」、資格を持たない人を「学童保育指導員（学童指導員）」などと呼び分けるようになりました。このように呼び名は違いますが、実際には放課後児童クラブ（学童保育施設）での仕事内容に大きな違いはありません。

（2）放課後児童クラブの待機児童の実態

こども家庭庁によると、放課後児童クラブ（学童保育施設）の利用を希望する人は2023（令和5）年5月1日時点の速報値でおよそ145万人と、年々増加している一方で、定員超過などの理由で利用できない待機児童数が1万7,000人近くに上るなど受け皿の確保が課題となっています。

（3）放課後児童クラブの待機児童を解消するための方策

こども家庭庁は放課後児童クラブ（放課後児童健全育成事業）を所管しています。2023（令和5）年7月28日、こども家庭庁と文部科学省は合同の会議を開き、課題などについて協議しました。ここでは、放課後に使用していない小学校の特別教室を放課後児童クラブ（学童保育）に使うなど学校との連携を強化するほか、子どもが安全に過ごせるよう職員の配置基準の見直しを進めることなどを盛り込んだ具体的な対策を2023（令和5）年12月末をめどに取りまとめる方針を決定しました。そのうえで、現状を細かく分析するため、毎年5月1日時点で把握している待機児童数を10月時点でも調査する方針も決めています。この会議で当時の小倉將信内閣府特命担当大臣（こども政策）は、「放課後児童クラブを所管する福祉部門と学校を所管する教育委員会が密接に連携するとともに、現場や利用者の声を踏まえて取り組みを加速させたい」としています。

（小宅　理沙）

記事　「子ども家庭福祉」関係の記事をスクラップし、貼ってみましょう。

1．その記事の中で「子ども家庭福祉」に関係した制度、法律、サービス、施設、機関等の語句を３つ選び自分で調べてみましょう。

（1）

（2）

（3）

2. この記事を読んだ感想をまとめてみましょう。

第12章　障害のある子ども

記　事

介護、障害者、保育 1カ所で
複合福祉施設 全国で初

富士吉田の法人が開所

富士吉田市上吉田の社会福祉法人「明清会」が、介護と障害者、保育の3分野にまたがる複合型福祉施設を市内にオープンさせた。同一施設が3分野を手がけるのは全国で初めてとなる。障害者が働きながら技能を身に付ける「就労継続支援A型事業所」を開設し、障害者が介護を学ぶ拠点として整備。市内で初となる、病気療養中の子どもを預かる病児保育施設も備えた。立川篤志理事長は「子どもや高齢者、障害者が共生していく社会の実現を目指す。障害者が活躍できる道を切り開きたい」と話している。〈仲沢篤志〉

完成した複合型福祉施設

1階に設けられたコミュニティーラウンジ
＝いずれも富士吉田市上吉田

施設は、市上吉田のひばりが丘高南側に位置し、鉄骨3階建てで延べ床面積は4020平方㍍、総事業費は約16億円。特別養護老人ホーム、高齢・障害者共生型の短期入所、障害児の放課後デイサービスなどが入る。同一施設が介護、障害者、保育の3分野を手がけるのは全国で初めてという。

介護業界は、離職率の高さと人材確保と定着が課題となっていて、障害者の就労環境は十分に整っていない問題を抱える。今回、施設に設ける「就労継続支援A型」では、障害者に同法人グループの施設で介護の仕事を学んでもらい、資格が取得できるようにして、介護現場での担い手となって活躍できる仕組みを整えた。

立川理事長は「障害者の活躍への可能性を広げ、人材不足の介護分野とマッチングして課題解決につなげたい」と狙いを語る。

病気療養中や回復期で保育園や小学校などに通えない子どもを一時的に預かる病児・病後児に対応した保育園も整備し、子育てと就労のサポートにつなげる。保育施設で過ごす子どもの存在があることで、高齢者の楽しみや生きがいにもつながることが期待できるという。1階には、コミュニティーラウンジを設けて、地域住民との交流スペースを設けた。

立川理事長は「多世代が関わり合うことで、刺激や活力につながる。共生社会の実現を目指したい」と話している。

出典：2023年4月20日山梨日日新聞朝刊

1．調べてみましょう。

（1） 分類処遇と混合処遇の違いについて調べてみましょう。

（2） 障害者の就労支援への取り組みについて調べてみましょう。

（3） 病児及び病後児保育事業について調べてみましょう。

（4） 現在の社会福祉施設に求められている小規模・多機能・地域密着と多世代がかかわりあう長所について調べてみましょう。

2. この記事を読んだ感想をまとめてみましょう。

3. 解　説

（1） 分類処遇と混合処遇、そして複合施設の意義

「介護と障害者、保育の3分野にまたがる複合型福祉施設をオープンさせた」ことの意義は大きいです。従来の社会福祉サービスは、分類方式（縦割り福祉）と呼ばれるものであり、これは措置する行政やサービスを提供する施設にとってやりやすい仕組みでした。しかし、同じような人たちばかりが集まる閉鎖性も指摘されていました。多様な人間関係が望めない生活は、三好春樹氏（生活とリハビリ研究所代表）が主張される「人間関係障害」を生じやすいです。

紹介している記事は混合方式とも呼べるものであり、これまで行政は認めてこなかった（補助金を支給しない）ものです。施設にとっては多様な支援が必要となり、職員には豊富な力量が求められます。一方で、利用者にとっては刺激しあう関係が生じ、豊かな人間関係が形成されます。社会福祉サービスにおいても利用者本位がやっと主張されるようになった現在、一歩進んだ実践と言えるでしょう。

ここで思いつくのが、1993（平成5）年から始められた「富山型デイサービス」です。「年齢や障害の有無にかかわらず、誰もが一緒に身近な地域でデイサービスを受けられる場所」では、「家庭的な雰囲気のもとで、ケアを必要とする人たちの在宅生活を支えるサービス」が提供されます。既存の対象者を限定した「縦割り福祉」にはない、柔軟なサービスの形として画期的な内容です。

そこで過ごす子どもたちには、思いやりと優しさが育ちます。障害者には居場所が見つかり、役割が与えられ、いくつかのお手伝いも可能になり、自立が促進されます。高齢者は赤ちゃんの見守り役や、子どもの遊び相手にもなれます。その結果、会話がはずみ、日常生活動作が改善され、情緒の安定にもつながります。

（2） 障害者の就労支援への取り組み

就労移行支援が約3.4万人、就労継続支援A型が約7.2万人、就労継続支援B型が約26.9万人、これが2020（令和2）年3月の各種調査の利用者の数字です。この他に就労定着支援サービスがあります。就労移行支援は、一般企業に雇用されることが可能な人が対象です。就労継続支援A型は一般企業に雇用されることが困難であって、雇用契約に基づく就労が可能な人が対象です。同じくB型は、雇用契約に基づく就労が困難である人が対象となっています。

障害者総数約964万人の内で、18～64歳の在宅者数約377万人の約10%がこの支援を受けていることになります。特別支援学校から一般企業への就職率は約32.0%であり、これら就労系福祉サービスの利用は、約31.4%となっています。

2017（平成29）年9月の厚生労働省資料によれば、地域の就労支援機関としては公共職業安定所（ハローワーク）が544か所、地域障害者職業センターが52か所、障害者就業・生活支援センターが332か所設置されています。ハローワークは厚生労働省、地域障害者職業センターはJEED（高齢・障害・求職者雇用支援機構）、障害者就業・生活支援センターはその業務を行う者として指定を受けた社会福祉法人やNPO法人等が実施主体です。

職場で働くことが困難なため多様な働き方を必要としている人のために、その1つの方法として、在宅勤務（テレワーク）の推進も図られています。他にも、障害者職業能力開発校（重度の障害者などが対象）や発達障害者、視覚障害者、精神障害者、難病患者の就労支援があり、障害者トライアル雇用制度（3か月間）も実施されています。

（3）　病児及び病後児保育事業

子どもが病気の際に自宅での保育が困難な場合、病院や保育所などにおいて一時的に保育することで、安心して子育てができる環境整備を図る事業で以下の3種類があります。

①　病児対応型・病後児対応型

地域の病児・病後児について、病院や保育所などに付設された専用スペースなどにおいて看護師などが一時的に保育する事業。

②　体調不良児対応型

保育中の体調不良児について一時的に預かるほか、保育所入所児に対する保健的な対応や、地域の子育て家庭や妊産婦などに対する相談支援を実施する事業。

③　非施設型（訪問型）

地域の病児・病後児について、看護師などが保護者の自宅へ訪問して一時的に保育する事業。

実施場所は、病児対応型では診療所が39.7%、病院が35.1%で74.8%を占めていて、保育所が11.3%、単独施設は10.3%です。病後児対応型では保育所が62.8%を占め、病院が15.7%、単独施設が7.9%、診療所は5.1%です。体調不良児対応型では保育所が67.7%、認定こども園が30.8%で大半を占めています。実施箇所数は、2018（平成30）年度調べで病児対応型が1,068か所、病後児対応型が643か所、体調不良児対応型が1,412か所、非施設型は7か所に過ぎません。

（4）　小規模、多機能、地域密着

現在の社会福祉施設に求められている機能です。

これまで施設の利用者は集団処遇を押しつけられて、個人の要求を満たす細かな支援は期待できませんでした。サービス中心主義とは職員本位の体制であり、利用者本位とは程遠いものでした。それを少人数にすることによって、一人ひとりの生活を充実させようというものです。グループホームやユニットケアや宅老所は、その具体例です。なかでも「宅老所」は「託老所」ではなく「宅老所」と名乗ることによって、単に家庭から「託される」のではなく、「住宅で一緒に暮らす」という性格を強調しています。

多機能とは、「入所」「通所」「相談」「訪問」「短期入所」など多くの機能を持つということです。私が28年間勤めた知的障害児・者施設の場合も、初めは児童施設だけでしたが、成人施設や通勤寮、地域療育センター（相談と訪問）や通所事業などが次々と設置されていきました。1979（昭和54）年の知的障害児への義務教育の実施からは、知的障害児施設は教育機能は薄くなり、宿舎としての機能を中心とするようになりました。それまでは、学校教育から分離された「教育」を、知的障害児施設の職員で行っていました。それは当然、卒業の認定には至らなかったのです。

地域密着は地域交流と言い換えてもよいですが、多くの施設は地域から遠方に設置されていて、交流は簡単ではありません。しかし距離的に離れていても、地域住民と普段から密接に交流し、地域との一体感を保持したいものです。施設の密室性は、利用者への虐待や処遇の劣悪さを隠す働きを生じがちです。施設が地域から大切にされ、地域が施設に関心を失わないことが、ノーマライゼーションの進展のためにも重要です。

（竹内　公昭）

記事　「子ども家庭福祉」関係の記事をスクラップし、貼ってみましょう。

1．その記事の中で「子ども家庭福祉」に関係した制度、法律、サービス、施設、機関等の語句を３つ選び自分で調べてみましょう。

（1）

（2）

（3）

2. この記事を読んだ感想をまとめてみましょう。

第13章　子どもと非行

記　事

少年非行率悪化2.4人

22年県警まとめ　全国ワースト8位

岡山県警は、2022年の少年非行状況をまとめた。少年千人に占める刑法犯少年の割合を示す「非行率」は2・4人で前年より0・2ポイント上昇。全国順位は前年と同じくワースト8位だった。

逮捕・補導された刑法犯少年は435人で、戦後最少となった前年の417人からわずかに増加。窃盗犯が231人で最も多く、暴行や傷害など粗暴犯は102人。放火などの凶悪犯、強制わいせつといった風俗犯は各8人、特殊詐欺を含む知能犯6人だった。

学識別では中学生121人（前年比14人減）、高校生120人（6人増）。未就学・小学生は13人増えて73人だった。

特別法犯で目立ったのは、大麻取締法違反27人（9人増）、児童ポルノ規制法違反10人（3人増）。薬物乱用の低年齢化がうかがえるほか、スマートフォンなどのSNS（交流サイト）を介したわいせつ事案が横行しているとみられる。

過去に摘発された少年の再犯率は35・8%で、前年より3・2ポイント悪化。新型コロナウイルス禍で警察官が行う非行防止教室の開催が減っており、県警少年課は「コロナ禍は落ち着きつつあり、学校での啓発を改めて進めたい。再非行防止の面接や家庭訪問にも力を入れていく」としている。

（山本貴之）

出典：2023年4月14日山陽新聞朝刊

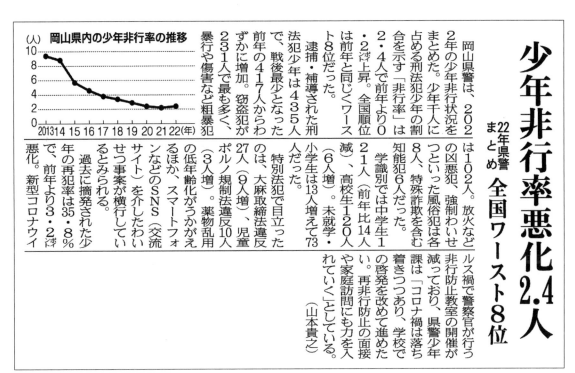

1．調べてみましょう。

（1） 非行少年とはどのような少年か調べてみましょう。

（2） 非行防止教室について調べてみましょう。

（3） 警察における非行少年の処遇について調べてみましょう。

（4） 非行少年に関係する「福祉」の措置について調べてみましょう。

（5） 児童自立支援施設について調べてみましょう。

2. この記事を読んだ感想をまとめてみましょう。

3. 解　説

（1） 非行少年

「非行少年」とは、「少年法」第3条第1項に規定されている少年、すなわち① 14歳以上20歳未満で罪を犯した少年（犯罪少年）、② 14歳未満で刑罰法令に触れる行為をした少年（触法少年）、③ 20歳未満で一定の事由（「①保護者の正当な監督に服しない性癖のあること、②正当な理由がなく家庭に寄りつかないこと、③犯罪性のある人若しくは不道徳な人と交際し、又はいかがわしい場所に出入りすること、④自己又は他人の徳性を害する行為をする性癖のあること」のいずれかに該当する場合）があって、その性格または環境に照らして、将来、罪を犯し、または刑罰法令に触れる行為をするおそれのある少年（ぐ犯少年）をいいますが、広い意味では、盛り場を徘徊する等警察の補導対象となる行為を行ういわゆる不良行為少年を含めて「非行少年」ということもあります。これらの非行少年の健全な育成を目指して、警察、検察庁、家庭裁判所、少年鑑別所、少年院、少年刑務所、地方更生保護委員会、保護観察所等の多くの機関が、それぞれの段階に応じた処理、処遇を行っています。

（2） 非行防止教室（警察庁、文部科学省）

学校、家庭、地域等が十分連携を図り、子どもの豊かな人間性や社会性等を育むため道徳教育の充実を図るとともに、関係機関等と連携した非行防止教室の開催等により規範意識を養い、少年の非行防止に努めています。

警察では、警察職員を学校に派遣して少年警察ボランティア等の協力を得るなどして非行防止教室を開催し、具体的な非行事例等を題材にして直接少年に語り掛けることにより、少年自身の規範意識の向上を図り、少年の非行防止に取り組んでいます。

（3） 警察における非行少年の処遇

1） 犯罪少年

犯罪少年については、「刑事訴訟法」「少年法」等に規定する手続きに従って、必要な捜査及び調査を遂げた後、罰金刑以下の刑に当たる事件は家庭裁判所に、禁錮刑以上の刑に当たる事件は検察官に送致または送付します。

2） 触法少年

触法少年については、その者に保護者がいないか、または、保護者に監護させることが不適当と認められる場合には児童相談所に通告し、その他の場合には、保護者に対して適切な助言を行うなどの措置を講じています。

3） ぐ犯少年

ぐ犯少年については、その者が18歳以上20歳未満の場合は家庭裁判所に送致し、14歳以上18歳未満の場合は事案の内容、家庭環境等から判断して家庭裁判所または児童相談所のいずれかに送致または通告し、14歳未満の場合には児童相談所に通告します。

なお、警察官以外の特別司法警察職員（海上保安官や麻薬取締官など）も同様の処理をします。また、租税犯罪については、特別の処理手続が定められています。

（4） 非行少年に関する福祉の措置

都道府県知事または指定都市の市長は、警察、学校及び一般の人々から通報のあった非行児童に対して、「児童福祉法」第27条第1項の規定に基づき、次のような措置をとることとなっています。

ア）児童又はその保護者に訓戒を加え、又は誓約書を提出させること。
イ）児童又はその保護者に対して児童福祉司等による指導を行うこと。
ウ）児童を児童自立支援施設等の児童福祉施設に入所させること。
エ）家庭裁判所の審判に付することが適当であると認められる児童は、これを家庭裁判所に送致すること。

これらの措置をとるに当たっては、児童相談所において医学的診断、心理学的診断、家庭等の環境調整等が行われ、児童福祉の見地から総合的な判定がなされています。

（5） 児童自立支援施設の現状

児童自立支援施設は「児童福祉法」第44条に規定されています。児童自立支援施設は不良行為をなし、またはなすおそれのある児童及び環境上の理由により、生活指導等を要する児童を入所させ、健全に育成する施設であり、都道府県に設置することが義務付けられています。

児童自立支援施設においては、児童が健全な社会人として成長していくよう個々の態様に応じた総合的な指導を行っています。また、施設の構造は小舎制を原則としており、職員が起居を共にしながら、自由で開放的な雰囲気の中で、その自立を支援しています。ただし、誘拐殺人などの重大な事案については、家庭裁判所の決定により行動の自由を制限する強制的措置がとられることもあり、その場合、身柄は国立の児童自立支援施設に送られます。

参考文献

ミネルヴァ書房編集部編『社会福祉小六法2023［令和5年版］』ミネルヴァ書房、2023年
内閣府「第2部 青少年に関する国の施策」
https://www8.cao.go.jp/youth/whitepaper/h14zenbun/html/honpen/2-7-3.html（最終閲覧日　2023年8月24日）
内閣府「第3章　困難を有する子ども・若者やその家族の支援」
https://www8.cao.go.jp/youth/whitepaper/h24honpenpdf/pdf/2-3-1-2.pdf（最終閲覧日　2023年8月24日）

（藤田　了）

記事　「子ども家庭福祉」関係の記事をスクラップし、貼ってみましょう。

1．その記事の中で「子ども家庭福祉」に関係した制度、法律、サービス、施設、機関等の語句を３つ選び自分で調べてみましょう。

（1）

（2）

（3）

2. この記事を読んだ感想をまとめてみましょう。

第14章　子どもを取り巻く専門職

記　事

広まる 保育のカウンセラー

保育所や幼稚園などで、保護者や職員向けのカウンセリングが広がっている。保護者は、発達の度合いなど育児に関わる悩みを相談。職員は気になる子どもとの関わり方を学べるほか、カウンセラーが保護者とのパイプ役にもなるため、負担軽減にもつながっている。保育士の離職防止に対する効果を検証する研究も始まった。（藤原啓嗣）

職員、保護者の悩みに対応

「その子は、別の子どもを注意する声におびえているのかも。不安そうなら、大丈夫だよと先生から声をかけて」。今月中旬、臨床心理士の山森紀子さん(五二)は、名古屋市内の認定こども園で、男性保育教諭に園児との接し方を助言していた。

この保育教諭は集団行動が苦手な園児が気になり、山森さんに相談。山森さんはまず、園児の工作などの活動を観察し、保護者に園でのカウンセリングを提案した。保護者は山森さんに自宅での様子や成長過程を伝え、その内容を職員と共有することにも同意。山森さんと保育教諭の面談となった。

職員に保育の助言をする山森紀子さん。保育所では職員のような服装で子どもたちが違和感を覚えないよう配慮する＝名古屋市内で

保育教諭は「園児の発達の問題などを担任からストレートに保護者に話すと、保護者も受け入れがたく、関係もこじれやすい。山森さんが間に入るとスムーズになり、専門の知見に基づいた対処法も学べる」と感謝する。

保育所や幼稚園でのカウンセラーの働き

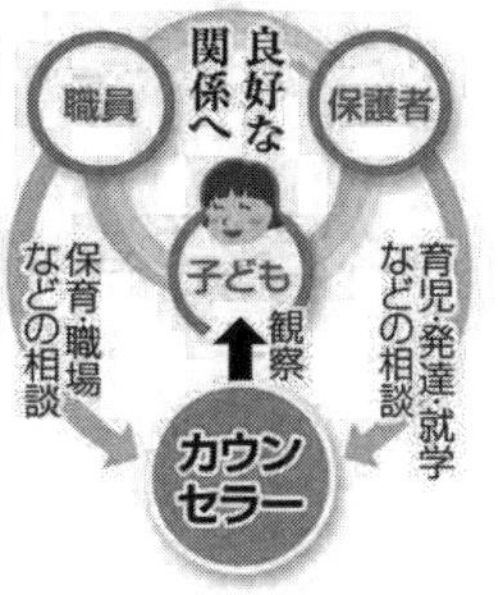

保育所や幼稚園などで保護者や職員の相談に乗る専門家は、地域や事業によって「キンダーカウンセラー」などと呼ばれる。主に臨床心理士や公認心理師らが担い、職業としても知られるようになってきた。

幼少期は成長に個人差があり、月齢による違いも大きい。カウンセラーが現場で園児を注視することで、より適切な保育につなげやすい。場合によっては行政や療育、医療など外部の機関とも連携。職員は園での困り事を相談することで、ストレスも軽減できる。

自治体が後押し　離職防止にも期待

カウンセラーへの費用を補助する自治体も出てきた。大阪府は二〇〇三年、全国で初めてキンダーカウンセラーを利用する私立幼稚園への補助を制度化。京都府や兵庫県、東京都日野市などでも同様の事業が始まっている。

京都府臨床心理士会は五十五の幼稚園にカウンセラーを派遣。同会子育て支援部局の担当理事辻麻衣子さん(四七)は「最近は子ども像が変わり、ベテランの職員でも対応に戸惑うという声をよく聞く。キンダーカウンセラーのニーズは高まっている」と話す。

名古屋市も一九年度、民間保育所十六施設にカウンセリングなどの費用を補助するモデル事業を開始。希望する保育所は増えており、二三年度は三十二施設に対象を広げた。

山森さんが代表理事を務める「みどり保育支援相談」（同市緑区）は臨床心理士十三人が所属し、市内の保育所で相談を受けて助言している。同市の事業化前の一七年から、山森さんにカウンセラー派遣を依頼してきた緑区の認定こども園「滝の水保育園」の近藤寛園長(五〇)は「職員の負担が減り、離職防止に一役買っている」と意義を語る。

市は本年度に事業の効果を検証し、本格実施を探る。ただし、対象園を増やすと、カウンセラーの確保や乳幼児期の心理・発達障害に詳しい専門家の育成が課題となる。

保育士の離職を研究する東京大大学院の高橋美保教授（臨床心理学）は「保育士や園の経営者に第三者の立場で心理士が関わると、人間関係の悩みなどを減らせて安定した経営にもつながる。乳幼児期の発達にも良い効果をもたらすはずだ」と期待する。

出典：2023年5月24日東京新聞朝刊

1．次のことを調べましょう。

（1） 記事に出てくる専門職を抜き出して調べましょう。
（保育士、保育教諭、臨床心理士、公認心理師など）

（2） 記事以外で子どもにかかわる専門職について調べましょう。

（3）子どもの相談支援に係る新たな専門職「こども家庭ソーシャルワーカー」について調べましょう。

2. この記事を読んだ感想をまとめてみましょう。

3. 解　説

子どもにかかわる専門職の概要

子どもにかかわる専門職は多岐にわたります。大きく分けると直接教育や保育・療育に携わる保育士、幼稚園教諭、小中学校教諭、養護教諭などの教育関連職、病気の治療や療養上の世話・指導、リハビリに携わる医師、看護師、理学療法士等医療関連職、発達に関する問題や学校・社会生活上の問題などの相談支援に携わる臨床心理士、社会福祉士、スクールカウンセラーなどの相談支援関連職等に分類できるでしょう。近年、子どもを取り巻く環境は変化し、貧困や虐待、発達や学習に関する悩み、夫婦共働きによる社会生活全般の悩みなど教育・療育だけではなく相談支援が必要となるケースが増加しています。そのため、「保育ソーシャルワーカー、保育カウンセラー」という言葉も聞かれるようになり、子どもにかかわる相談援助が注目されていると言えます。

（1） 記事に掲載されている資格・専門職

【保育士】

保育士とは、「登録を受け、保育士の名称を用いて、専門的知識及び技術をもつて、児童の保育及び児童の保護者に対する保育に関する指導を行うことを業とする者」を言います（「児童福祉法」第 18 条の 4）。保育士の国家資格取得は、都道府県知事の指定する保育士を養成する学校やその他施設の卒業者、または都道府県知事が行う保育士試験の合格者が保育士となる資格を有し、都道府県知事の登録をもって保育士となります。

【保育教諭】

2012（平成 24）年 8 月に「子ども・子育て関連 3 法」が成立し、「幼保連携型認定こども園」に配置される職員は、原則として幼稚園教諭免許状と保育士資格の両方を有する「保育教諭」であることが規定されました。2024（令和 6）年度末までは、一方の免許状または資格で勤務ができる特例と、一方の免許状または資格を有する者が実務経験と所定科目履修によって免許状や資格が取得できる特例措置があります。

【臨床心理士】

臨床心理士とは、臨床心理学に基づく知識や技術を用いて、人間の心の問題にアプローチする専門職です。カウンセリングや心理療法により、対象者やその関係者の自己実現を図ります。子どもにかかわる病院や施設では発達検査や心理テスト等を行い、保護者の相談支援を行います。臨床心理士は民間資格で、資格取得のためには特定の大学院で心理学を学び「日本臨床心理士資格認定協会」が実施する「臨床心理士資格試験」に合格し認定を受けます。

【公認心理師】

国民が抱える心の健康の問題等に対し、心理に関する相談、援助等の業務に従事する者の資質の向上及びその業務の適正を図るため、2017（平成 29）年に施行された「公認心理師法」に基づいて心理系初の国家資格「公認心理師」が誕生しました。公認心理師は、保健医療、福祉、教育その他の分野において、心理学に関する専門的知識及び技術をもって、①心理アセスメント、②当事者への心理的支援、③関係者への心理的支援、④心の健康教育や情報提供を行います。資格を取得するには、大学もしくは大学院等で定められた科目を履修し、国家試験に合格する必要があります。

（2）記事に掲載されていない子どもにかかわる資格・専門職

子どもにかかわる資格・専門職は多様です。例えば保育現場・学校・家庭生活における食事に関する栄養管理指導などを行う栄養士、管理栄養士も関連していると言えますが、ここでは相談支援にかかわる社会福祉士について説明します。社会福祉士は、「登録を受け、社会福祉士の名称を用いて、専門的知識及び技術をもつて、身体上若しくは精神上の障害があること又は環境上の理由により日常生活を営むのに支障がある者の福祉に関する相談に応じ、助言、指導、福祉サービスを提供する者又は医師その他の保健医療サービスを提供する者その他の関係者（略）との連絡及び調整その他の援助を行うこと（略）を業とする者」を言います（「社会福祉士及び介護福祉士法」第2条第1項）。社会生活上に起きる様々な問題に関して子どもから高齢者、外国人等すべての人を対象としています。職域は、高齢者施設の相談員、医療関連施設の医療ソーシャルワーカー、児童福祉施設の児童指導員・児童自立支援専門員・母子支援員、生活保護施設生活指導員、地域包括支援センターのソーシャルワーカー、公的相談機関相談員、スクールソーシャルワーカーなど多岐にわたります。社会福祉士の国家資格を取得するためには、国家試験に合格する必要があります。加えて相談支援にかかわる資格に、精神疾患や精神障害の相談支援等を行う精神保健福祉士という専門職もあります。

その他、主な児童福祉関連の専門職資格・専門職について表14-1に記しました。

表14-1　主な児童福祉関連の専門職資格・専門職

専門職資格・専門職	配置場所と役割
児童福祉司	都道府県等が設置する児童相談所に配置され、児童の保護その他児童の福祉に関する相談に応じ、専門的技術に基づいて必要な指導を行う等児童の福祉増進に努める。
児童指導員	児童養護施設、障害児入所施設、児童発達支援センター、児童心理治療施設などに配置され、健全な成長、自立に向けた指導等を行う。
母子支援員 少年を指導する職員（少年指導員）	母子支援員は母子生活支援施設の職員で、自立のための就職支援や育児相談、関係機関との連絡調整等の母子の支援をする職員である。 少年を指導する職員（少年指導員）は、母子生活支援施設で生活している少年を指導する職員である。
児童の遊びを指導する者（児童厚生員）	児童厚生施設に配置され、子どもの自主性や社会性、創造性を高め、地域での健全な育成を支援する。地域子育て支援センターなどに配置されている場合もある。
児童自立支援専門員 児童生活支援員	児童自立支援施設に配置され、児童自立支援専門員は主として児童の自立支援、児童生活支援員は主として児童の生活支援を行う。
家庭支援専門相談員（ファミリーソーシャルワーカー）	児童養護施設や乳児院、児童心理治療施設、児童自立支援施設に配置され、虐待など家庭環境上の理由で施設に入所している児童の保護者との連絡調整をする。家庭復帰や里親委託などの相談援助、子どもが施設を早期退所し、親子関係の再構築を図れるように支援する。
里親支援専門相談員（里親支援ソーシャルワーカー）	児童養護施設と乳児院に配置され、所属施設の入所児童の里親委託を推進、退所児童のアフターケア、里親の新規開拓、里親向けの研修など里親支援の充実を図る。
放課後児童支援員	放課後児童健全育成事業所（学童保育・学童クラブ・放課後児童クラブなどといわれている）に配置され、放課後や長期休暇中の子どもが過ごす場所を提供し、遊びや学習を通して健全な育成を支援する。
児童発達支援管理責任者	障害児入所施設や障害児通所支援事業所に配置され、児童発達支援計画の作成に関する業務を行うほか、障害児又はその家族に対し、相談に応じるとともに、必要な助言その他の援助を行う。
民生委員 児童委員	民生委員は、厚生労働大臣から委嘱され、それぞれの地域において、常に住民の立場に立って相談に応じ、必要な援助を行う。「児童委員」を兼ねている。 児童委員は地域の子どもたちが元気に安心して暮らせるように、子どもたちを見守り、子育ての不安や妊娠中の心配ごとなどの相談・支援等を行う。

法令をもとに筆者作成

（3） こども家庭ソーシャルワーカー

子育て世帯を取り巻く社会問題は、虐待死、DV、貧困、孤立、親の介護、保護者自身の病気や障害、育児と仕事の両立問題等多岐にわたるとともに増加傾向にあります。そこで、2022年（令和4）年6月の「児童福祉法」の改正により、子ども家庭福祉分野に新たな資格を創設することが決まり、2023（令和5）年3月、厚生労働省の検討会により「こども家庭ソーシャルワーカー」の名称となりました。

こども家庭ソーシャルワーカーは、虐待を受けた子どもの保護や、要保護児童、要支援児童等の在宅支援など、子ども家庭福祉に係る相談援助業務を適切に行うことができる能力を有する必要があるとしています。認定資格は相談援助の実務経験（2年以上）を持つ社会福祉士、精神保健福祉士や子ども家庭福祉の相談援助の実務経験（4年以上）がある者、実務経験（4年以上）を有する保育士などが研修及び試験を受け取得できる形が検討されています。

引用・参考文献

・松井圭三・今井慶宗編『新編社会福祉概論』大学教育出版（2022）

（名定　慎也）

記事　「子ども家庭福祉」関係の記事をスクラップし、貼ってみましょう。

1．その記事の中で「子ども家庭福祉」に関係した制度、法律、サービス、施設、機関等の語句を３つ選び自分で調べてみましょう。

（1）

（2）

（3）

2. この記事を読んだ感想をまとめてみましょう。

執筆者紹介

（執筆順）

太田　隆之（おおた　たかし）第1章
現　　職：岡山シティエフエム社長（前・山陽新聞社読者局長）

小出　享一（こいで　きょういち）第2章
現　　職：居住支援法人株式会社居場所

今井　慶宗（いまい　よしむね）第3章
現　　職：関西女子短期大学 保育学科 准教授

小倉　　毅（おぐら　たけし）第4章
現　　職：兵庫大学 生涯福祉学部 社会福祉学科 教授

村田　恵子（むらた　けいこ）第5章
現　　職：就実大学 教育学部 初等教育学科 准教授

森田　裕之（もりた　ひろゆき）第6章
現　　職：中国短期大学 総合生活学科 講師

伊藤　秀樹（いとう　ひでき）第7章
現　　職：兵庫大学 生涯福祉学部 社会福祉学科 教授

中　　典子（なか　のりこ）第8章
現　　職：中国学園大学 子ども学部 子ども学科 教授

齊藤　佳子（さいとう　よしこ）第9章
現　　職：中国学園大学 子ども学部 子ども学科 教授

松井　圭三（まつい　けいぞう）第10章
現　　職：中国短期大学 総合生活学科 教授

小宅　理沙（こやけ　りさ）第11章
現　　職：奈良保育学院 非常勤講師

竹内　公昭（たけうち　きみあき）第12章
現　　職：特定非営利活動法人びぃあらいぶ 理事長

藤田　　了（ふじた　りょう）第13章
現　　職：大阪国際大学 人間科学部 人間健康科学科 准教授

名定　慎也（なさだ　しんや）第14章
現　　職：神戸女子大学 健康福祉学部 社会福祉学科 准教授

■編著者紹介

松井　圭三　（まつい　けいぞう）

現職　中国短期大学総合生活学科・生活福祉コース教授
中国学園大学・中国短期大学図書館長
岡山大学医学部非常勤講師

主著
『21 世紀の社会福祉政策論文集』（単著）ふくろう出版　2009 年
『家庭支援論』（編著）大学教育出版　2012 年
『社会保障論』（共編著）大学図書出版　2014 年
『NIE 社会的養護Ⅰ・Ⅱ演習』（共編著）大学教育出版　2021 年
『子ども家庭福祉』（共編著）大学教育出版　2022 年

今井　慶宗　（いまい　よしむね）

現職　関西女子短期大学保育学科 准教授

主著
『保育実践と児童家庭福祉論』（共編著）勁草書房　2017 年
『社会福祉の形成と展開』（共編著）勁草書房　2019 年
『現代の保育と社会的養護Ⅰ』（共編著）勁草書房　2020 年
『保育と子ども家庭支援論』（共編著）勁草書房　2020 年

NIE 子ども家庭福祉演習

2024 年 4 月 10 日　初版第 1 刷発行

■編 著 者——松井圭三・今井慶宗
■発 行 者——佐藤　守
■発 行 所——株式会社 大学教育出版
〒 700-0953　岡山市南区西市 855-4
電話（086）244-1268　FAX（086）246-0294
■印刷製本——モリモト印刷 ㈱

ISBN978－4－86692－287－4